ENNEMIS HÉRÉDITAIRES ?

LES AUTEURS

HÉLÈNE MIARD-DELACROIX, née en 1959, est professeure à Sorbonne-Université à Paris. Ses travaux de recherche portent sur l'histoire allemande et l'histoire des relations franco-allemandes.

ANDREAS WIRSCHING, né en 1959, est directeur de l'*Institut für Zeitgeschichte* de Munich-Berlin et professeur d'Histoire contemporaine à l'Université Ludwig-Maximilian de Munich.

Hélène Miard-Delacroix
Andreas Wirsching

Ennemis héréditaires ?

Un dialogue franco-allemand

Fayard

Titre original :

Von Erbfeinden zu guten Nachbarn
Ein deutsch-französischer Dialog
(Reclam, 2019)

La traduction française a été établie par les auteurs.

En couverture :
Le président français François Mitterrand et le chancelier allemand Helmut Kohl à l'ossuaire de Douaumont le 22 septembre 1984, pour le 70e anniversaire de la bataille de Verdun. © Picture Alliance/Bridgeman Images

Création graphique : Antoine du Payrat

ISBN : 978-2-213-71747-0

Dépôt légal : octobre 2020

Avant-propos

« Les Allemands [sont] [...] plus insaisissables, plus indéfinis, plus contradictoires, plus inconnus, plus incalculables, plus surprenants que les autres peuples ne le sont à eux-mêmes ; ils échappent à toute *définition*, et cela suffirait pour qu'ils fissent le désespoir des Français[1]. »

Ce diagnostic que fait Nietzsche en 1886 caractérise plutôt bien l'esprit de l'époque. Quinze ans après la guerre de 1870, les relations entre la France et l'Allemagne sont alors pesantes et compliquées. Savoir ce qu'étaient à l'époque « les » Allemands et « les » Français dans l'absolu et ce qu'ils sont aujourd'hui, voilà un inépuisable sujet de discussion. Le 150e anniversaire de la guerre franco-allemande de 1870-71 offre une nouvelle occasion de se pencher un peu plus en détail sur les relations entre les deux pays. La guerre elle-même, puis sa principale conséquence, la fondation de l'Empire allemand, ont été des événements particulièrement structurants. « Cette guerre équivaut à la révolution allemande, commenta le Premier ministre britannique Benjamin Disraeli en février 1871, c'est un événement politique plus important que la Révolution française du siècle précédent. » En effet, après 1870-71, rien n'est plus comme avant entre la France et l'Allemagne. Le cadre de leurs relations a fondamentalement changé. Certes, l'intérêt réciproque et les relations culturelles continuent d'exister. Mais elles sont doublées par la méfiance militaire et l'hostilité politique. La jalousie déjà présente se renforce et une nouvelle forme de haine apparaît.

Au XXe siècle, les relations franco-allemandes sont restées tout aussi complexes et le chemin qui conduit à une coopération durable, à un bon voisinage, voire à de l'amitié, a été endeuillé par la douloureuse expérience de deux nouvelles guerres et de millions de morts. La question d'une entente entre les deux pays a toujours été centrale pour l'histoire européenne. Cela vaut particulièrement aujourd'hui, au cœur d'un continent en paix dans une période incertaine.

Les pages qui suivent retracent, sous la forme d'un dialogue, les évolutions les plus importantes et les événements significatifs de l'histoire des relations entre nos deux pays. Le format choisi d'une conversation vivante, menée durant une journée entière, a été une expérience très enrichissante. Nous ne voulions pas envisager le sujet en opposant une perspective « française » à une approche « allemande ». Au contraire : échanger sur l'histoire, la culture et la mentalité du voisin, parvenir même parfois à se mettre à sa place, voilà qui nous a semblé permettre une compréhension réciproque. Ce fut un plaisir d'expérimenter ensemble un nouvel éclairage sur nos connaissances communes, voire d'apprendre des choses nouvelles. Il est évident que ce dialogue spontané ne permet ni l'exhaustivité ni la rigueur d'un travail de recherche. Nous assumons évidemment l'entière responsabilité du choix des sujets et celle des imprécisions qui demeurent. Le manuscrit a été achevé début juillet 2020.

Merci aux éditions Reclam d'avoir pris l'initiative de cet ouvrage, d'avoir transformé une conversation amicale en un texte lisible et d'en avoir accompagné la réalisation avec sollicitude.

Nos remerciements s'adressent aussi à Christina Holzmann et Isabella Radmann qui nous ont aidés dans la relecture des épreuves. Merci enfin aux éditions Fayard d'avoir accueilli la version française de ce dialogue franco-allemand et à Béatrice Pellissier d'avoir aidé à l'établissement du texte.

Paris et Munich, en juillet 2020

Hélène Miard-Delacroix et Andreas Wirsching

« Français » et « Allemands »

Hélène Miard-Delacroix (HMD) : Tu connais l'origine de l'expression « Mort aux vaches ! » ?

Andreas Wirsching (AW) : Non, je ne crois pas...

HMD : Il semble que cela remonterait à la guerre de 1870. Pendant l'occupation d'une partie du territoire français par les Prussiens, les postes de garde étaient indiqués par le mot *Wache*, qui signifie sentinelle en allemand. Il ne fallut pas beaucoup de temps pour que des Français expriment leur colère en criant « Mort aux vaches ! » Puis la formule s'est installée en France pour protester contre les forces de l'ordre en général. Si elle paraît aujourd'hui un peu vieillie, elle fait partie de la langue française.

AW : Donc rien à voir avec des vaches.

HMD : Non. J'aime beaucoup cette anecdote car elle illustre l'histoire commune de nos deux langues. Et cela reflète bien l'importance des conflits dans les contacts et les nombreuses interactions entre Français et Allemands. Avec les Alsaciens au milieu – qui sont des citoyens français mais dont le dialecte est une langue germanique.

AW : Effectivement, la question des Alsaciens, délicate dans l'histoire de France, l'est tout autant dans celle de l'Allemagne. Et elle en implique une autre : de qui et de quoi parlons-nous, quand nous disons « Allemands » et « Français » ? Les Alsaciens semblent n'être ni l'un, ni l'autre.

HMD : Il s'agit d'une longue histoire en effet, faite de luttes de pouvoir. À la fin du XIXe siècle, l'historien Heinrich von Treitschke a cru pouvoir prouver que les Alsaciens étaient Allemands. Se fondant sur ses recherches, il a affirmé qu'ils étaient Allemands même s'ils ne le savaient pas et même s'ils ne voulaient pas l'être. Sa théorie d'une nationalité inconsciente était liée à l'« appartenance ethnique ». Telle est l'idée qu'on avait de l'Alsace à l'époque en Allemagne.

AW : C'est un exemple caractéristique de ce qu'on appelle l'essentialisme, qui recourt à des arguments quasi biologiques pour définir un peuple, si bien qu'au bout du compte cela semble indiscutable. Les Français ont généralement une conception de la nation qui diffère un peu, si l'on pense par exemple au philosophe et historien Ernest Renan. Sa célèbre conférence « Qu'est-ce qu'une nation ? » de 1882 est un grand classique en France, encore aujourd'hui, après avoir été plusieurs fois réédité.

HMD : La conférence de Renan était une réponse à l'historien Treitschke, car ce national-libéral allemand voulait justifier la solution de la petite Allemagne, c'est-à-dire la constitution d'un État national sous l'égide de la Prusse et l'annexion de l'Alsace.

AW : Exactement. Une réponse à Treitschke qui défend une tout autre définition de la nation. Renan demande d'abord si la nation est une race. Pour lui, cette idée est absurde car les nations sont le produit de mélanges de peuples. Comme ces métissages ont été nourris par des populations venant des quatre coins d'Europe, on ne peut pas parler de race au sens d'une ascendance biologique. Ainsi, Renan dit exactement le contraire de Treitschke. Il s'interroge ensuite sur la question de la religion qui définit une nation. Sa réponse est une fois encore négative – il cite l'exemple de la Suisse où cohabitent différentes confessions. Enfin, la langue n'est pas non plus un critère décisif, et je trouve cela très intéressant.

En réalité, pour Renan, la nation est « un plébiscite de tous les jours », donc d'une certaine façon un choix de la société à laquelle on veut appartenir. Dans ce cas, les Alsaciens sont évidemment coincés. L'Histoire ne leur a pas toujours permis de savoir s'ils devaient se tourner vers la France ou vers l'Allemagne, même s'il est certain que la domination allemande de 1871 à 1918 et de 1940 à 1944 a été plutôt impopulaire en Alsace-Lorraine. Peut-on dire que le drame alsacien est emblématique de l'histoire franco-allemande ?

HMD : Oui, parce que l'Alsace est typiquement un territoire de contact. Pour définir qui sont les Français et qui sont les Allemands, on ne peut pas échapper à la fatalité de la géographie. Leur frontière condamne ces deux voisins à vivre ensemble et à partager une histoire commune, en particulier en Alsace, une terre de contact au cœur de l'Europe.

Certes, ce n'est peut-être pas la langue, comme le dit Renan, qui détermine l'appartenance à une communauté, mais de nombreuses différences résident tout de même dans ce cœur de l'Europe : langues, cultures, coutumes, traditions coexistent dans ces territoires de contact et d'échanges. C'est précisément de cette histoire que nous voulons parler. Tout en restant bien conscients que ces communautés, qui ont été par la suite organisées en États, sont aussi des constructions et surtout des récits qui racontent une histoire. Il n'y a donc pas une seule réalité qui aurait existé factuellement, les gens se sont aussi *raconté* cette histoire et ils ont ainsi façonné leur propre devenir.

AW : J'aimerais insister sur ce point : je dirais volontiers que la France n'a pas un rapport très simple avec l'Alsace. Les Alsaciens n'ont pas eu le droit de développer vraiment leur identité avec leur langue qui est très proche de l'allemand. N'ont-ils pas été largement bridés dans leur identité culturelle par la France et son centralisme ? Au XVIIe siècle déjà, lorsqu'ils ont été rattachés au territoire français par la politique des réunions de Louis XIV, et puis surtout à la grande époque de la Nation, aux XIXe et XXe siècles ?

HMD : Non, je ne dirais pas cela. Vouloir fonder l'identité principalement sur la langue, un élément culturel, est typiquement allemand ! Car, en fait – et cela tend à démontrer la justesse de l'analyse de Renan –, même durant la période dite allemande (1871-1918), beaucoup d'Alsaciens ne se sont pas forcément sentis Allemands. Au contraire, l'Alsace a été discriminée en recevant un statut de « terre d'Empire » (*Reichsland*) directement assujettie à l'empereur, au lieu d'être une entité souveraine et fédérée comme les autres États dans l'Empire. La grande majorité de la population d'Alsace-Lorraine s'est sentie annexée par l'Allemagne, contre son gré, et elle a rejeté ce statut.

AW : Et s'est définitivement mise du côté de la France.

HMD : Certains Alsaciens ont opté pour la France en 1871. Pour ceux qui sont restés, la situation a été compliquée. Des fonctionnaires de l'administration prussienne venant dans le *Reichsland* ont été impressionnés par le fait que beaucoup d'Alsaciens qui ne savaient pas du tout parler français se sentaient tout de même affectivement Français.

Plusieurs témoignages le montrent. Les quinze députés d'Alsace-Moselle au *Reichstag* prirent le nom de « députés protestataires » réclamant – vainement – un référendum qui leur permette de se prononcer spécifiquement sur l'annexion. La question identitaire s'est surtout exprimée à travers le régionalisme alsacien qui a été une forme de résistance contre la politique de germanisation et une façon de se libérer de tout monopole politique ou culturel.

Il est impossible de savoir ce que sont *les* Allemands ou *les* Français. Le pluriel suggère avant tout qu'il y aurait une nature invariable des peuples, envisagés comme des communautés homogènes. Je crois que cette histoire franco-allemande, qui repose en partie sur des grands récits comme celui de l'ennemi héréditaire, est en fait beaucoup plus subtile et complexe. L'histoire n'est pas seulement celle d'une inimitié, même si celle-ci a été un élément constitutif de la construction identitaire des Français et des Allemands.

AW : Oui, et cela a été tout aussi marquant pour l'histoire allemande, et on le voit lorsqu'on observe le mouvement national allemand. Avant d'aborder le sujet, je voudrais faire une dernière remarque à propos de l'Alsace. Prenons l'exemple douloureux, et même tragique, d'Oradour. Dans ce bourg du Limousin a eu lieu le pire crime de guerre commis par la SS dans la France occupée en 1944. Le petit village d'Oradour-sur-Glane a été littéralement pris en otage par une unité de la *Waffen-SS*, toute la population sur place à ce moment-là – la majorité des jeunes hommes étaient absents – a été enfermée dans l'église du village et a été odieusement assassinée. L'église a été incendiée avec les gens à l'intérieur et il y a eu plus de 200 morts. Cette unité des *Waffen-SS* comptait dans ses rangs des Alsaciens qui ont participé à ce massacre du côté allemand. Quatorze d'entre eux, qui ont survécu à la guerre, ont été traduits en justice à Bordeaux en 1953. Oradour a ainsi posé une question très importante pour la politique de la mémoire en France. Qui sont les Alsaciens ? Ils étaient censés être Français, mais à ce moment-là, ils se sont comportés comme des ennemis des Français.

HMD : En effet, le souvenir et la mémoire de cet événement en ont été rendus très difficiles. À Oradour, la réconciliation avec les Alsaciens a été, sur place, impossible pendant des décennies. En Limousin, on a surtout douté que des membres de cette division *Das Reich* aient vraiment été incorporés contre leur gré, ce qui en aurait fait des *Malgré-nous*. Comment donc se réconcilier avec d'autres Français qui avaient été complices de ce terrible ennemi ?

Mais revenons aux années 1870-71. Nous pouvons à juste titre parler d'une histoire franco-allemande commune, à propos de cette guerre. « Franco-allemand » signifie une histoire vécue puis interprétée non seulement dans une opposition « allemand contre français » mais aussi « ensemble ». Il est en effet difficile de considérer isolément ces deux peuples en Europe. En outre, cette histoire toute particulière de deux voisins a une dynamique qui nous apprend beaucoup sur l'Europe et ses cohabitations délicates. Il faut se garder en tout cas d'ériger les rapports franco-allemands comme modèle et de les traiter comme une relation unique en son genre en Europe, même s'ils ont leurs spécificités.

AW : Bien sûr que la France et l'Allemagne sont représentatives d'un ensemble plus grand. Leurs relations illustrent le fait que toute l'Europe s'est développée à partir d'échanges permanents, au-delà des frontières de langues et de cultures.

Et en même temps, peut-être qu'en fin de compte la France et l'Allemagne tiennent tout de même un rôle singulier. En tout cas, leurs relations revêtent jusqu'à aujourd'hui une importance particulière. Ces deux États nationaux ont été parmi les plus influents sur le continent. Avant 1870-71, la situation était différente pour l'Allemagne encore morcelée, mais on peut affirmer cette importance dans la phase critique qui court de 1850, ou plutôt 1870-71, à 1945. Il faut donc insister sur la spécificité de leur histoire commune. Mais il est aussi intéressant de se demander dans quelle mesure l'exemple des relations franco-allemandes entre hostilité et réconciliation, entre collaboration durant la Seconde Guerre mondiale puis coopération peut servir de modèle. Ne pourrait-on pas transférer à d'autres régions du monde les expériences issues de ce drame ? Les exporter ailleurs, là où des tensions historiques existent depuis longtemps, par exemple en Asie du Nord-Est ? Je pense au passé douloureux entre le Japon, la Chine et la Corée.

HMD : La figure de l'ennemi a été partout structurante. Si nous en revenons à notre histoire franco-allemande, il est frappant de constater que la construction de la nation allemande *avant* la fondation de l'État national allemand s'est continuellement nourrie de l'hostilité envers la France. Les chercheurs ont montré que la construction d'une identité, par exemple dans une nation, requérait l'existence d'un élément autre en miroir, d'une altérité. Sans cette opposition, voire cette haine contre les Français, impossible d'imaginer la formation de la nation allemande.

AW : Ernst Moritz Arndt en est un exemple célèbre. Dans son article *Über Volkshass* (*Du peuple et de la haine*) paru en 1813, il décrit la haine comme un élément nécessaire aux

Allemands pour prendre conscience de qui ils sont. La haine est une sorte de rempart contre l'agression de l'étranger, de l'*Autre* :

> C'est une vérité incontestable que tout ce qui doit vivre et exister doit avoir une certaine aversion, une opposition, une haine, que, comme tout peuple a son propre élément vital intime, il doit avoir de la même façon un amour profond et une haine puissante s'il ne veut pas disparaître dans une inexistence et une médiocrité indifférentes avant de sombrer dans l'asservissement. Je pourrais tristement rappeler ce qui s'est passé en Allemagne ces dernières années. Nous n'aimions et ne reconnaissions plus notre propre nature, et au lieu de cela nous cherchions les faveurs de l'étranger[2].

Cela fait partie de l'évolution historique en Europe : la France a été un État national avant l'Allemagne, d'une certaine manière déjà durant l'Ancien Régime ; puis la Révolution française a forgé une nouvelle notion de la nation comme pilier de la souveraineté étatique. Les Allemands ne pouvaient pas l'adopter telle quelle. Lors de leur révolution en 1848, il leur manquait encore un État. Cette situation n'a changé qu'à la fin du XIXe siècle.

La (longue) genèse de la haine entre « ennemis héréditaires »

HMD : Cette préhistoire de la guerre de 1870-71 ne peut se comprendre qu'en évoquant un fait méconnu en France : le sentiment qui dominait au XIXe siècle dans de très nombreux milieux en Allemagne était que la France avait toujours été un État belliqueux, surtout depuis Louis XIV (1638-1715). Un État qui n'avait cessé d'avoir des visées sur le territoire allemand. Il était temps de lui imposer des limites.

AW : En effet, la politique dite « des réunions » qu'avait menée Louis XIV à la fin du XVIIe siècle a été dès le milieu du XIXe siècle un sujet important dans l'opinion allemande, en particulier dans les milieux cultivés. Cherchant à exploiter au profit de la France les dispositions de la Paix de Westphalie en 1648 et des traités de Nimègue en 1678, Louis XIV avait recherché des titres juridiques historiques qui légitimaient à ses yeux les exigences territoriales de la France sur l'Alsace ainsi que sur les trois évêchés de Metz, Toul et Verdun. Ces derniers étaient déjà sous occupation française depuis le traité de Chambord de 1552. Strasbourg a été intégrée à la France en 1681. Le Roi Soleil tenta d'imposer ses prétentions en menant plusieurs guerres, jusqu'à la guerre de succession du

Palatinat qui dura de 1688 à 1697. Louis XIV a dû faire des compromis en signant la paix de Ryswick, mais l'Alsace est restée à la France. C'est ainsi que Strasbourg est devenue une ville française alors qu'elle avait été, du moins comme ville universitaire, une cité de langue allemande. Cette période de l'histoire permet d'affiner la perception qu'avaient les Allemands de la France.

HMD : Du point de vue français, à l'époque, le Rhin devait être la frontière. Et ce qui en Allemagne a été ressenti comme l'annexion de Strasbourg et de l'Alsace était appelé en français « politique des réunions ». La réunion de quoi ? Il s'agissait d'agrandir le royaume en annexant les territoires situés aux frontières. Réunir sous-entend rassembler à nouveau, rétablir un état antérieur. Mais à quoi pouvait-on se référer qui aurait existé par le passé ? On pourrait même remonter jusqu'au traité de Verdun de 843, au moment où l'Empire de Charlemagne a été divisé entre ses petits-fils. Par la suite, la Franconie orientale et la Franconie occidentale ont accaparé le territoire médian (la Lotharingie). Cela dit, il était tout à fait clair, pour les Français au XVIIe siècle, que Strasbourg avait été une ville libre du Saint-Empire et personne ne pouvait nier que la culture alsacienne était plutôt germanique.

Mais lorsqu'on fait débuter l'inimitié héréditaire entre France et Allemagne par la guerre de 1870-71, on oublie qu'elle a une longue histoire derrière elle. Dans les actes de guerre comme dans la symbolique de certains gestes, on trouve des allusions à des traumatismes antérieurs et à des annexions douloureuses.

AW : Il faut bien dire aussi que cette représentation allemande de Louis XIV et de la France absolutiste comme un

État spoliateur est un peu hypocrite. Au fond, c'est typique d'une construction faite *a posteriori*, dans une période de nationalisme et qui n'avait en réalité pas grand-chose à voir avec les conditions réelles de l'époque de Louis XIV. Les XVIIe et XVIIIe siècles sont marqués par de nombreux projets d'échange de territoires, mais également de conquêtes, auxquels ont activement participé les États allemands – et en premier lieu la Prusse. La question de l'appartenance d'une population à une langue ou à une culture déterminée était alors secondaire. Elle n'était pas insignifiante, mais beaucoup d'autres arguments et justifications permettaient de réclamer des territoires. Presque toujours, on a eu recours à d'anciens titres juridiques. Les droits dynastiques, souvent invoqués, ont mené presque aussi régulièrement à des guerres de succession. Et cela a eu lieu indépendamment de la nation à laquelle appartenait la population concernée. La politique d'annexion faisait bien partie du répertoire des puissances de l'époque moderne, notamment chez les Princes allemands. Les partages de la Pologne entre 1772 et 1795 en sont un bel exemple. De cette façon, la Prusse a acquis ses provinces orientales, dans lesquelles il n'y avait pas seulement des minorités polonaises mais où plutôt c'était la majorité de la population qui était polonaise.

Voilà pourquoi il est délicat et contestable d'appliquer rétroactivement la catégorie de nation à l'époque moderne, et cela vaut *a fortiori* pour le XVIIe siècle et la « politique des réunions » de Louis XIV. Il n'y avait pas à cette époque une représentation de l'Allemagne qui aurait été nationale – en tout cas pas de l'Allemagne comme État cohérent. On se trompe si on se représente l'Allemagne comme une simple victime de ces « attaques françaises à main armée » durant le XVIIe siècle.

HMD : Mais cette image joue un rôle quand on commence à s'intéresser à la guerre de 1870-71. En français, on ne parle par exemple pas d'une « guerre franco-allemande » comme on le fait en allemand. En dehors des cercles universitaires, on dit juste « la guerre de 70 », sans mettre en valeur l'hostilité franco-allemande. Elle est tellement gravée dans la mémoire comme une humiliation qu'il n'est pas indispensable de l'évoquer. En revanche, les Français ont été beaucoup plus marqués par le traumatisme de Versailles : le 18 janvier 1871, à la suite de la défaite française, l'ennemi allemand a pour ainsi dire profané la galerie des Glaces du château de Louis XIV, le joyau de la monarchie française. Non seulement l'ennemi avait rapidement gagné la guerre, mais il avait en plus l'impudence de proclamer l'Empire allemand dans ce lieu.

Ce n'est pas un hasard si la fondation de l'Empire, le *Deutsches Reich*, et l'avènement de Guillaume Ier de Prusse au titre d'empereur allemand ont eu précisément lieu dans la salle la plus emblématique du château de Versailles. L'intention allemande était parfaitement claire et le message a été très bien compris à Paris et dans toute la France. Le tableau d'Anton von Werner, représentant la scène, figure dans tous les livres d'histoire. Sur cette troisième version Bismarck se tient au centre, en uniforme blanc.

AW : C'est une « infox »…

HMD : Tout à fait. En plaçant Bismarck au milieu du tableau, Anton von Werner propose une interprétation de l'événement. La troisième version a été offerte pour son anniversaire au chancelier du *Reich*, stratège en chef de l'unification allemande. Mais dans les trois versions, la présence des militaires prussiens en uniforme écrase la plus belle salle du château du Roi Soleil. La mise en scène illustre très bien que la fondation de l'Empire allemand se fait quasiment *ex negativo* par l'humiliation de l'autre. Cette humiliation est nécessaire pour faire la démonstration de sa propre puissance.

Anton von Werner, *La Proclamation de l'Empire allemand*, 1885.
© Photothèque Hachette.

AW : L'Empire allemand naît de l'humiliation de la France, c'est en tout cas ce qu'on peut retenir. Au fond, on observe ici le début d'une chaîne interminable d'humiliations symboliques dans le domaine politique. La date du 18 janvier est aussi significative et n'a pas été choisie au hasard : en ce jour de 1701, le prince électeur de l'époque, Frédéric III de Brandebourg, s'est fait couronner premier roi *en* Prusse. La cérémonie a eu lieu dans ce qu'on a appelé plus tard la Prusse orientale, située en dehors des frontières du Saint-Empire romain germanique. Mais Frédéric Ier s'est pour ainsi dire auto-couronné car il était le souverain de la partie orientale de la Prusse. C'est pourquoi, en 1871, on a choisi le 18 janvier pour la proclamation de l'Empire, et naturellement la revanche a suivi côté français, près de 50 ans plus tard, avec le traité de Versailles de 1919. La conférence de la Paix à Paris, chargée d'élaborer le traité de paix, a aussi entamé ses travaux un 18 janvier. Le Président français Georges Clemenceau salua la délégation allemande par ces mots : « Ce n'est ni le moment ni le lieu pour des mots superflus [...]. L'heure du lourd règlement de comptes est venue. » C'est bien à Versailles que s'est engagé un jeu de ping-pong historico-politique entre Français et Allemands.

HMD : Versailles est un lieu central dans l'histoire des Français et des Allemands. Peut-être y reviendrons-nous, parce que de nombreux symboles y sont liés, y compris dans l'histoire de France. Le château au cœur de la monarchie française a également joué un rôle important dans les conflits franco-français, comme lors de la Commune. Nous avons affaire là à une dynamique intéressante de représentations diabolisées. Je ne pense pas seulement à la perception de l'autre comme ennemi mais aussi à la construction de l'idée qu'on ne peut être grand qu'en abaissant l'autre.

En effet, la proclamation de l'Empire allemand dans le château de Versailles a été une réponse à la fois à la « politique des réunions » de Louis XIV, à Napoléon Ier et à la conquête des territoires de la rive gauche du Rhin pendant la Révolution française, en 1795, ou même après. Comme tu l'as évoqué tout à l'heure, le souhait de chasser l'occupant français, Napoléon, hors des pays allemands a contribué à l'élaboration de ce qu'on peut appeler une identité allemande. Dans cette succession d'événements, Versailles incarne la victoire sur l'autre, et ainsi la réparation des déshonneurs subis. Tout cela montre combien l'image diabolisée des Français a pu aider les Allemands au XIXe siècle à se sentir Allemands.

AW : Cette haine populaire et dirigée contre le peuple voisin peut prendre des formes agressives. Elle a été un élément très important dans la tradition du mouvement national allemand. L'historien Friedrich Rühs a écrit en 1815 *Eine historische Entwickelung des Einflusses Frankreichs und der Franzosen auf Deutschland und die Deutschen* (*Une histoire de l'influence de la France et des Français sur l'Allemagne et les Allemands*) dans laquelle on peut lire :

> On n'aurait pas tort de présenter l'ensemble de l'histoire récente comme une chaîne de confusions, de troubles et de guerres qui ne sont dus qu'à un seul peuple, le peuple français, qui, par sa puissance dominante, a été en mesure, aussi souvent qu'il le voulait, de satisfaire son arrogance brutale et son désir insatiable de conquêtes[3].

C'est exactement cette image qui domina dans de nombreuses franges du mouvement national allemand jusqu'en 1870 : la France passait pour être un pays avide de conquêtes et de pillages.

Cette haine n'était bien entendu pas indispensable. Mais une construction comme celle de l'ennemi héréditaire recèle toujours le danger de voir les opinions publiques des deux pays considérer la haine comme insurmontable.

HMD : Elle n'est pas indispensable, mais elle a bien fonctionné si on pense aux guerres de libération contre Napoléon. En 1813-15, les Allemands ne savaient pas encore qu'ils étaient Allemands. Ils étaient Saxons, Bavarois, Wurtembergeois, etc. Pourtant, ils se sont alliés pour se libérer du tyran étranger. Tous ces poèmes de Ludwig Börne ou Ernst Moritz Arndt écrits à cette époque sont terribles quand on les lit aujourd'hui : « Quelle est la patrie d'un Allemand ? » demande Arndt dans son célèbre chant. « Est-ce la Bavière ? [...] Non, non, cent fois non ! C'est une patrie bien plus grande. » Il élargit progressivement l'espace et finalement, plus loin, Arndt donne sa réponse : « Aussi loin que la langue allemande résonne et chante la gloire de Dieu dans les cieux, c'est là qu'est sa patrie ! » Cette évocation de ce que doit être la patrie allemande contribue à donner du courage aux troupes. Et l'équation est simple : « Là où tout sale Français est ton ennemi, et où tout Allemand est ton ami, la voilà, ta patrie[4] ! » Ces propos hostiles et le recours à la figure de l'ennemi ont été fort utiles pour comprendre ce que c'est qu'être un Allemand et pas seulement un Saxon, un Bavarois ou un Prussien.

AW : Tout de même, il faut souligner que d'autres voix se sont fait entendre. Même si cela relève un peu du cliché, il faut évoquer Goethe, par exemple, qui s'est exprimé tout autrement sur la « haine nationale », cette haine du voisin servant de fondement et de moteur au sentiment national. Et d'ailleurs, telle est la raison pour laquelle les Français ont été vraiment déçus en 1870-71 : c'est cette Allemagne de Goethe, dans la lignée de celle décrite par Madame de Staël, qu'ils avaient toujours aimée. Et ils ont soudain été très surpris de la voir apparaître sous un tout autre jour, celui du prussianisme. En 1830, Goethe avait déclaré à Eckermann : « Et, entre nous, je ne haïssais pas les Français, quoique je remercie Dieu de nous avoir délivrés d'eux. »

Et il poursuivait : « Comment aurais-je pu, moi pour qui la civilisation et la barbarie sont des choses d'importance, comment aurais-je pu haïr une nation qui est une des plus civilisées de la terre, à qui je dois une si grande part de mon développement ? La haine nationale a un trait bien particulier. C'est toujours aux niveaux les moins élevés de la culture qu'elle est la plus énergique, la plus ardente[5]. »

HMD : Aujourd'hui, nous partagerions sans doute cette analyse.

AW : Goethe dit encore : « Mais il y a une hauteur à laquelle elle – la haine nationale – s'évanouit. On est là pour ainsi dire au-dessus des nationalités. » Cette pensée cosmopolite, universelle, renvoyant à l'idée d'un esprit européen uni, a bien sûr continué d'exister en Allemagne dans les milieux intellectuels et cultivés. Toutefois, il y a une chose qui n'est pas exacte lorsque Goethe affirme que la haine nationale est présente « aux niveaux les moins élevés de la culture », donc chez les personnes sans instruction, et qu'elle serait absente dans les milieux instruits. À mon avis, et ceci vaut dans les deux pays, la haine nationale a joué un rôle important, notamment dans les milieux cultivés, voire très cultivés – les historiens, les philosophes, les publicistes –, parce qu'elle servait à renforcer leur propre identité.

HMD : Si je ne m'abuse, la Pariser Platz à Berlin a été ainsi nommée place de Paris en 1814, en souvenir de la victoire prussienne sur la France, non ? Aujourd'hui, les nombreux touristes français se réjouissent de voir ce nom attribué à un endroit prestigieux de la ville, croyant que c'est en l'honneur de la France qu'on a baptisé la plus belle place de Berlin, devant l'ambassade de France, à côté de la Porte de Brandebourg. Ce n'était pas du tout l'intention en 1814. Cette anecdote confirme qu'au XIXe siècle, il n'y avait pas que le petit peuple qui, dans les États allemands, percevait la France comme adversaire : tel était aussi le cas des élites. Et cela d'autant plus que les élites allemandes, y compris les libéraux, ont refusé les idées de 1789 et l'élan révolutionnaire qui allait avec. En fin de compte, personne ne croyait à la prétendue mission des Français d'apporter la civilisation au cœur de l'Europe.

AW : À dire vrai, l'idée de l'antagonisme franco-allemand de la seconde moitié du XIXe siècle est aussi liée à la controverse autour de la notion de civilisation et ceci, avant même que ne s'établisse l'opposition entre civilisation et culture.

HMD : Effectivement, c'est très important. À propos de « civilisation », peut-être connais-tu cette anecdote : en 1871, après que Guillaume, fraîchement couronné empereur à Versailles, eut réquisitionné la chapelle du château pour y suivre quotidiennement l'office luthérien, et après le départ de ces vainqueurs qui venaient d'humilier la France, l'abbé aurait ordonné d'aérer la chapelle pendant au moins deux jours au motif que « ça puait le Prussien ». Une vision des Allemands barbares, bien peu civilisés…

AW : Telle était la réputation qu'avaient, en Allemagne aussi d'ailleurs, les Prussiens issus des régions orientales, à l'est de l'Elbe. Cette anecdote sur Versailles me rappelle la figure grotesque du préfet prussien von Wulckow dans le roman d'Heinrich Mann *Le Sujet de l'Empereur* : grande barbe, voix de basse terrifiante et surtout « cette odeur de virilité sauvage » qui émanait de lui. Le contraste entre la civilisation française et la *Kultur* allemande est évident. La *Kultur* joua un grand rôle dans les années qui ont précédé la Première Guerre mondiale, mais au XIXe siècle, en Allemagne, on discutait déjà de la notion de civilisation. On ne pouvait pas accepter la prétention française d'incarner à elle seule, par sa nation, une civilisation universelle.

HMD : Si les idées de 1789 ont suscité de l'enthousiasme chez une partie de la population germanophone, elles ont aussi provoqué une réaction de rejet chez les tenants de l'ordre et de l'Ancien Régime. Par ailleurs, la naissance du sentiment national, indissociable des revendications libérales, coïncide avec la Restauration, après la victoire sur Napoléon Ier. La fondation de la Confédération germanique en 1815 a fait reculer les forces progressistes en Allemagne et les a paralysées pour de nombreuses années. Les deux exemples de la fête de Hambach en 1832 et de la Révolution de 1848 montrent que la France est restée une source d'inspiration, en quelque sorte un phare du progrès et de la liberté. Elle symbolisait une manière plus libérale de gouverner et d'être gouverné que la Confédération germanique qui persécutait les partisans du progrès et les obligeait à fuir en France, comme Heinrich Heine. En 1837, par exemple, les fameux Sept de Göttingen, ces sept professeurs d'université qui protestaient contre l'abolition de la constitution libérale dans le royaume de Hanovre, ont été congédiés et, pour certains, obligés de quitter le pays.

AW : Le lien entre sentiment national et liberté était essentiel, mais aussi ambivalent. D'une part, la Révolution française avait donné l'exemple : la nation se libère du joug de la société d'ordres d'Ancien Régime et du poids des privilèges. Plus tard, toutes les nations qui se sont constituées en Europe ont été portées par une rhétorique similaire, centrée sur la liberté. En cela, l'histoire allemande de la première moitié du XIXe siècle ne fait pas exception. D'autre part, la Révolution française avait également montré avec quelle rapidité la liberté, tout juste proclamée, pouvait basculer dans un nouvel état de non-liberté, voire dans la Terreur. À cela s'ajoute qu'en France aussi s'est très vite développé un nationalisme qui n'avait plus besoin d'être motivé par une quelconque spécificité de la nation française.

D'une certaine manière, la relation franco-allemande témoigne également du basculement d'une conception de la nation à une autre : la première, en quelque sorte de « gauche », liée au progrès, à la liberté et aux revendications de droits universels, laisse la place à la seconde, marquée par des idées particularistes et exclusives, exacerbant la concurrence entre les nations jusqu'à l'hostilité afin d'asseoir sa propre identité. Durant la seconde moitié du XIXe siècle, on retrouve ce dilemme dans toute l'Europe, que ce soit en Italie, en Pologne ou en Grèce. Partout se constituent des nations fondées sur l'exaltation d'une spécificité identitaire qui exclut l'autre. Et très souvent, la guerre en est la conséquence. Bien des évolutions en Europe centrale et orientale, de nos jours, font penser à ces processus.

HMD : Tout à fait d'accord.

AW : On peut se demander si on n'assiste pas actuellement en Ukraine, en Hongrie ou en Pologne à des processus tardifs de constitution de nations qui sont à la fois nouveaux et similaires à ces phénomènes anciens. L'articulation entre l'État et ses populations ou entre les nations et les régimes politiques, c'est-à-dire la lutte entre démocratie et système autoritaire ont été des sujets intensément débattus en Europe occidentale entre 1815 et 1945. Aujourd'hui, dans des régions où les traditions démocratiques sont moins fortes, en particulier en Europe de l'Est, on assiste à une forme de rattrapage.

HMD : La France et l'Allemagne ont donné au XIXe siècle de très bons exemples de la manière dont on peut se définir soi-même en se démarquant de l'autre. La crise du Rhin de 1840 a été un stratagème typique de la diplomatie française. Après la défaite de la France lors de la crise d'Orient de 1839-1841, la presse et la diplomatie françaises ont relancé la revendication du Rhin comme frontière naturelle. Nous revoici au Rhin ! Et cela a entraîné avec une incroyable rapidité une crise sérieuse entre la France et l'Allemagne, soutenue par une production poétique et lyrique qui donne le vertige. Il suffit de considérer la *Rheinlyrik* (La Poésie du Rhin) avec ses accents anti-français et son nationalisme allemand – comme le célèbre poème « Die Wacht am Rhein » (« La garde sur le Rhin »), composé par Max Schneckenburger en 1840. Le « jouvenceau allemand pieux et fort » assure :

> Ô Rhin, tu restes allemand comme mon sein !
> [...]
> Et même si mon cœur, par la mort, se retrouve brisé,
> Tu ne seras point roman[6].

Le « tu » est le Rhin qui n'a pas le droit de devenir français. Citons aussi le « Rheinlied » (Chant du Rhin) :

Ils ne l'auront pas,
le libre Rhin allemand,
jusqu'à ce que les ossements du dernier homme
soient ensevelis dans ses vagues.

Si cette poésie nous paraît grandiloquente, ce texte, tout comme la statue de Germania qui veille sur le fleuve, ont contribué à cristalliser un sentiment national allemand. Le peuple mais aussi les libéraux en étaient convaincus : le Rhin nous appartient, nous sommes nous-mêmes et voici que de l'autre côté de la rive, ils sont de nouveau menaçants. En miroir de cette inquiétude, à Paris également, on a construit en 1840 des fortifications autour de la ville au cas où l'Allemagne attaquerait – ces fortifications joueront un rôle majeur lors de l'occupation de Paris durant la guerre de 1870-71.

AW : Juste avant cette guerre, il faut mentionner en 1866 la bataille de Königgrätz, qu'on appelle Sadowa en français : elle a résolu au profit de la Prusse le problème majeur de l'époque qu'était l'existence sur le sol allemand d'une seconde grande puissance concurrente, l'Autriche. Les Français, et surtout les bonapartistes, ont considéré la fondation de la Confédération de l'Allemagne du Nord en 1867, sous l'égide de la Prusse, comme un dangereux virage. Ils ont eu l'impression que le rapport de forces entre la France et les territoires au centre de l'Europe était modifié, et ce de manière durable. Telle est la raison pour laquelle, dans les années suivantes, on parle souvent en France de la nécessité d'une revanche pour Sadowa.

HMD : Cette bataille a été pour les Français un traumatisme. Pour eux, l'histoire du XIXe siècle peut se résumer à une triste réalité : la France assiste en spectateur impuissant aux différentes étapes de la formation de l'État national allemand. Cela commence par la montée en puissance de l'économie allemande, avec le *Zollverein* (Union douanière) de 1834, mais on est rassuré parce qu'on se dit que les Allemands sont occupés par leur compétition avec l'Autriche. Le pays des Habsbourg, au sud, est une seconde puissance allemande qui maintient un équilibre et réduit le danger prussien. Même si l'Autriche gêne la France dans sa politique italienne, elle pourrait être une très bonne alliée contre la Prusse. Or tour à tour, la guerre des Duchés (Schleswig et Holstein) en 1864, puis la guerre entre l'Autriche et la Prusse en 1866, qui se soldent toutes deux par des victoires prussiennes, ont entraîné, du point de vue français, une remise en cause de l'équilibre européen. À cette époque, l'Empire français de Napoléon III se concevait comme *la* grande puissance européenne par excellence et il devait le rester.

AW : Dans les manuels scolaires allemands, toute cette période de l'unification de l'Allemagne, de l'éviction de l'Autriche du centre de l'espace germanique et de la constitution du premier État national allemand avec l'Empire est décrite comme l'œuvre de Bismarck qui était alors en place. Il aurait, seul, activé toutes les manettes. L'histoire qu'on raconte est simple : d'abord, il a réglé la question allemande par la défaite de l'Autriche-Hongrie, puis il a sciemment attisé le conflit avec la France, tout en essayant de lier à la Prusse les États allemands du Sud par des traités d'alliance militaire, défensive et offensive (*Schutz- und Trutzbündnisse*), au nom d'une nation allemande.

HMD : C'est aussi ce qu'on raconte en France. Et cette version correspond à l'image d'un Bismarck machiavélique et belliciste, maître de la *Realpolitik*, qui a un plan d'action et provoque la France, implacablement et sans aucun scrupule.

AW : Certes, mais si on considère la réaction française, ce n'est pas aussi simple. Napoléon III, empereur des Français entre 1852 et 1870, est tout de même le champion des mouvements nationaux en Europe, du moins de ceux qui pouvaient servir la puissance de la France. C'est la raison pour laquelle il soutient l'unification italienne, menée par Cavour et le royaume de Sardaigne. En soutenant la dynastie piémontaise, Napoléon III a fortement aidé la fondation de l'État italien en 1860. En échange de quoi, il obtient le comté de Nice qui devient alors français.

Après 1866, il a joué un double jeu qui a son importance aussi pour l'époque postérieure à 1870-71 en France. Napoléon III a envisagé de conclure un traité avec l'Autriche. Il conseille aux Autrichiens d'annexer la Silésie, devenue prussienne en 1740 (à vrai dire pas tout à fait selon les normes du droit international) et de réfléchir à fonder une confédération du Sud contre la Prusse... En compensation de la conquête de la Silésie par l'Autriche, la France obtiendrait la rive gauche du Rhin. Là revient le sujet du Rhin, cette ancienne représentation de la frontière naturelle de la France à l'est.

Mais il s'agit de schémas de pensée issus de temps anciens. Ces idées d'alliances qui étaient en vogue au XVIIIe siècle n'ont plus grand-chose à voir avec une politique nationale qui tiendrait aussi compte « du droit des peuples à disposer d'eux-mêmes ». Dans ce cas, on a bien plus affaire à une très traditionnelle politique de puissance, caractéristique de Napoléon III durant cette période transitoire entre 1866 et 1870.

HMD : Certainement. Mais il l'a exercée avec d'autant plus de vigueur que, dans la perception française, la Prusse était une puissance nouvelle qui avait émergé au centre de l'Europe et était réellement dangereuse. La recherche d'une alliance ou d'un rapprochement avec l'Autriche s'explique dans ce contexte. En 1866-67, il y a vraiment quelque chose qui bascule en Europe. À Paris, l'opéra-bouffe de Jacques Offenbach, *La Grande-Duchesse de Gérolstein*, connaît un grand succès. Or, parmi les personnages de cette histoire burlesque, figure un Général Boum, tout à fait ridicule, et au fond, à travers lui, on se moque du morcellement de l'Allemagne en de nombreux États, avec ses petites duchesses et ses comtesses stupides. Et tout d'un coup, lors de l'exposition universelle de 1867 à Paris, évidemment censée permettre une auto-célébration de l'Empire français, on s'aperçoit qu'autour d'une immense statue de Germania, le pavillon de la Prusse est le plus grand à côté de ceux de la Bavière et du Bade.

AW : Et un canon de Krupp y est également exposé.

HMD : Exactement. C'est à ce moment-là qu'on a compris que la situation allait être grave du fait de cette puissance montante en Europe. Grâce au *Zollverein* (l'Union douanière) qui simplifiait la carte allemande et améliorait les conditions d'expansion d'une économie en plein essor, la Prusse devenait un concurrent économique qu'il fallait prendre au sérieux.

La guerre franco-allemande de 1870-71 et ses conséquences

AW : Les événements diplomatiques qui ont précédé la guerre franco-allemande de 1870-71 – autour de la candidature d'un Hohenzollern-Sigmaringen à la succession au trône d'Espagne – doivent être replacés dans l'équilibre des puissances dont la fragilité se faisait sentir depuis 1866 au plus tard : il y a d'un côté la Prusse, disons l'Allemagne, et de l'autre la France. Le conflit au sujet du trône d'Espagne n'a pas surgi de nulle part. Même s'il n'est pas la seule cause de la guerre, il a été la goutte qui a fait déborder le vase, car la guerre était déjà dans l'air – du moins c'est ce qu'ont ressenti de nombreux contemporains. Et pour citer Clausewitz, la guerre est naturellement la poursuite de la politique avec d'autres moyens.

Aurait-on pu éviter cette guerre entre Français et Allemands ? *A posteriori*, on a du mal à l'imaginer. En France régnait un climat de guerre.

HMD : Certes, l'ambiance était belliciste, mais ce n'est pas aussi simple quand on examine les événements en détail. Peu avant le début de cette guerre, le 1er juillet 1870, le Premier ministre avait tout de même fait voter la réduction des forces armées par les parlementaires. Un climat propice à la guerre dominait peut-être, cependant l'accroissement de la puissance militaire n'était pas la priorité de la politique intérieure française. Le 14 juillet, Napoléon III aurait dit à Émile Ollivier : « Voyez-vous dans quelle situation peut se trouver un gouvernement : nous n'avons pas de vraie raison de faire la guerre et pourtant nous allons devoir nous décider pour la guerre[8]. »

Or la raison qui pousse à la guerre est vraiment étrange ! Cette candidature du prince Léopold de Hohenzollern-Sigmaringen au trône d'Espagne est une histoire incroyable.

AW : C'est une branche collatérale catholique des Hohenzollern…

HMD : Exactement, comme on le lit dans les livres d'histoire. Je dois avouer que la petite écolière française que j'étais n'a jamais vraiment compris pourquoi un Allemand pouvait être candidat au trône d'Espagne. Évidemment, il y avait eu une époque au XVIe siècle où l'empereur Charles Quint avait possédé des territoires qui allaient des Pays-Bas jusqu'en Amérique latine, un Empire où le soleil ne se couchait jamais. L'épisode de la succession au trône d'Espagne apparaît comme une résurgence de cette époque et, vu de France, il était scandaleux qu'un officier de l'armée prussienne, issu d'une ligne collatérale des Hohenzollern-Sigmaringen, fût proposé comme successeur au trône d'Espagne.

AW : Je trouve intéressant de savoir qu'en France, on fait tout de suite le lien avec Charles Quint. Mais cela montre une fois de plus comment on ne cesse de mobiliser l'histoire pour fournir des arguments au présent. En l'espèce, il est tout de même assez ridicule de penser à Charles Quint qui, en encerclant la France, a causé des ennuis à son roi, François Ier, et l'a finalement emprisonné. Ces événements se sont déroulés à une époque où le concept de « France » au sens de nation n'existait pas encore et où la logique dynastique était historiquement à l'œuvre. Rien à voir avec la situation de la fin du XIXe siècle. La candidature au trône de 1869 était un peu plus qu'un geste symbolique. Mais avec une telle symbolique, on pouvait alors aussi faire de la politique, ce qui n'est pas aussi rare qu'il y paraît.

HMD : Et voilà pourquoi Napoléon III a dit à son ambassadeur Benedetti qui jouera ensuite un rôle dans l'épisode de la dépêche d'Ems : « La candidature du prince de Hohenzollern est essentiellement antinationale, le pays ne la supportera pas et il faut la prévenir[7]. » Pour la France, ce pouvait donc être, en fin de compte, un motif de guerre.

AW : D'ailleurs remarquons que plus tard, les anti-bonapartistes, aussi bien les républicains de gauche comme Jules Favre ou Gambetta que les libéraux plutôt conservateurs comme Adolphe Thiers, ont voté contre la guerre. Cette minorité qui vote contre la guerre et qui, une fois que c'est trop tard, c'est-à-dire après Sedan, mène une politique qu'on pourrait presque qualifier de belliciste. Après la chute de Napoléon III et l'annexion de l'Alsace-Lorraine, les loyautés en France ont changé de camp.

HMD : Cela mérite une explication. Début 1869, le gouvernement prussien propose la candidature du prince Léopold de Hohenzollern-Sigmaringen au trône d'Espagne. Les Français considèrent, comme nous l'avons dit, que c'est difficilement acceptable. Il faut ajouter que Guillaume Ier, le roi de Prusse, n'était pas non plus très convaincu par cette candidature. Le ministre des Affaires étrangères français, l'intriguant Daru (qui avait pour prénom Napoléon et était même le filleul de Napoléon Ier et de Joséphine !) avait été remplacé par de Duc de Gramont. Celui-ci avait été auparavant ambassadeur à Vienne. Il soutenait activement une alliance avec l'Autriche et avait une attitude très anti-prussienne. Cette nomination de Gramont au Quai d'Orsay a, semble-t-il, offensé Berlin, ce qui a conduit Bismarck à relancer la candidature de Léopold. On raconte que Guillaume Ier a qualifié de « bombe espagnole » cette manœuvre de son chancelier. La France ne pouvait y voir qu'une provocation, c'était clair pour les Allemands.

Je crois que nous sommes d'accord pour dire que Bismarck a agi sciemment. Il a, pour ainsi dire, agité le chiffon rouge devant le taureau français, malgré toutes les tentatives de la diplomatie française pour empêcher cette spirale. Lorsque le roi de Prusse était à Bad Ems, l'ambassadeur de France, Benedetti, lui a rendu visite et lui a expliqué qu'il devait prendre en compte et essayer de comprendre l'indignation française face à cette candidature. Guillaume, à l'évidence très soucieux de la crise en cours, a proposé de persuader lui-même Léopold de changer d'avis et de retirer sa candidature. Cette offre conciliante est connue. Mais hélas, certaines forces politiques en France – les bonapartistes autoritaires de droite – l'ont trouvée insuffisante. Pour eux, le roi de Prusse ne devait pas seulement renoncer à faire monter Léopold sur le trône d'Espagne, il devait en plus s'engager à ne plus jamais avancer une telle candidature.

AW : Ils voulaient même une garantie écrite de sa part !

HMD : Exactement ! Et c'est là qu'a été publiée dans la presse la fameuse dépêche d'Ems du 13 juillet 1870. C'est en fait une version abrégée par Bismarck d'un message de Guillaume. Le texte, parce que raccourci, est devenu brutal, annonçant que Guillaume refusait une telle concession et ne voulait dorénavant plus parler avec l'ambassadeur de France. Le ton était particulièrement humiliant pour la partie française. Pour Paris, c'était la preuve de l'arrogance et de l'agressivité de cette Allemagne devenue en peu de temps à la fois puissante et sûre d'elle.

AW : En même temps, toute cette histoire, et en particulier l'attitude de la France, donne un bon exemple des régimes qui, fragilisés sur le plan intérieur, tentent de régler les tensions en portant le débat vers l'extérieur. Ce n'est pas un hasard que, dans sa théorie du bonapartisme, Karl Marx ait analysé ce mécanisme à partir des exemples de Napoléon Ier et Napoléon III. Ce dernier avait sur le plan intérieur un grave problème de légitimité politique, le régime bonapartiste reposait vraiment sur des pieds d'argile. Le gouvernement français cherchait donc à gagner en légitimité par des succès en politique étrangère. Par exemple au travers de la Guerre de Crimée (1853-1856), mais aussi, et c'est important, par le processus de l'unification italienne. Dans l'affaire de la succession au trône d'Espagne, Napoléon III a tenté d'utiliser la même stratégie, mais il est allé clairement trop loin en exigeant que Guillaume empêche à tout jamais la candidature d'un Hohenzollern en Espagne.

Guillaume Ier était un homme pragmatique, pas un doctrinaire. En exagérant un peu, on pourrait dire qu'il n'était pas du tout satisfait d'avoir à devenir bientôt empereur allemand, au lieu d'être principalement roi de Prusse. Cela lui suffisait. La question de savoir dans quelle mesure la Prusse devait se fondre en Allemagne a beaucoup préoccupé Guillaume qui était un vrai représentant de la Prusse traditionnelle, de l'ancienne dynastie des Hohenzollern. Il s'inquiétait sérieusement du rôle que devrait jouer la Prusse, ou même l'Allemagne, dans une guerre franco-allemande. Ce n'était pas vraiment un va-t-en-guerre. L'agression militaire était plutôt une idée de l'état-major prussien, Helmuth von Moltke l'Ancien, mais aussi de Bismarck lui-même.

HMD : Ce que tu dis à propos de la France qui cherchait à résoudre sur le terrain extérieur des difficultés à l'intérieur, cela vaut aussi, et de manière exemplaire, pour la Prusse ! Quand en 1862, en pleine crise constitutionnelle, Bismarck proposait aux libéraux avides de plus de libertés de résoudre « les grandes questions de notre temps » non pas « par des décisions à la majorité – ça avait été l'erreur de 1848/49 – mais par le fer et par le sang », il envisageait bien la guerre avec les voisins pour unifier l'Allemagne, en lieu et place d'un processus démocratique et constitutionnel. Pour revenir à 1870, je crois qu'à Bad Ems, Guillaume était aussi à bout de patience. Après avoir accepté de persuader son petit-neveu de renoncer à cette candidature, il n'avait pas envie d'aller plus loin et surtout de devoir, en plus, s'engager par écrit.

AW : Tout à fait. Une telle demande était un camouflet symbolique, et cela, aucun roi de Prusse ne pouvait l'accepter. Il l'a d'ailleurs dit à l'ambassadeur de France Benedetti par l'intermédiaire de son adjudant. Par la suite, le secrétaire de Bismarck, qui était aussi son plus proche collaborateur, Heinrich Abeken, a rédigé la véritable dépêche d'Ems avant que le chancelier la raccourcisse. De la ville de Bad Ems, Abeken a en effet écrit à Bismarck pour lui relater relativement en détail cette histoire telle qu'il l'avait entendue de Guillaume Ier. C'est ce compte rendu que Bismarck allait ensuite tronquer et rendre insupportable pour l'empereur des Français.

Dans ses mémoires, Bismarck écrit qu'au vu du compte rendu d'Abeken, tout le monde à Berlin a cru que l'affaire était maintenant réglée et le conflit franco-allemand apaisé. Moltke et le ministre de la guerre Roon, qui étaient assis avec lui autour de la table, ont été dépités d'apprendre que la guerre n'aurait finalement pas lieu. Bismarck eut alors l'idée de transmettre à la presse une version si abrégée de ce message qu'il ne pouvait être interprété que comme un affront. Cette version simplifiait juste ce qui s'était passé à Ems, avec un texte écourté. Bismarck s'est contenté de barrer des parties de phrases, sans rien ajouter. Le message final disait en substance : Sa Majesté a refusé de recevoir l'ambassadeur de France et lui a fait dire par l'adjudant en service que Sa Majesté n'avait rien de plus à lui communiquer. La brièveté du propos était évidemment synonyme d'une gifle diplomatique qui signifiait en clair : je n'ai plus du tout l'intention de discuter avec toi.

HMD : Le représentant de l'empereur des Français n'a donc plus été reçu et, à l'époque, cela touchait à l'honneur. Pour l'Allemagne, il ne s'agissait pas seulement de porter atteinte à la gloire de Napoléon III, mais aussi à son rang en Europe. Et cela a fonctionné comme prévu : les Français se sont laissé entraîner à interpréter cela comme une insulte visant non pas une personnalité, mais leur honneur national tout entier. L'Allemagne avait lancé un défi à son adversaire qui s'empressa de répondre : le 19 juillet 1870, la France déclara la guerre au roi de Prusse. De cette façon, c'est bien la France qui a pu ensuite être présentée comme l'agresseur.

AW : On aurait dû savoir à Paris qu'on ne déclarait pas la guerre à la Prusse seulement, car celle-ci avait signé des traités avec les États allemands du Sud. Les fameux traités de protection, défensive et offensive, appelés *Schutz- und Trutzbündnisse* en allemand, ont eu pour conséquence que les États du Sud se sont rangés du côté de la Prusse et sont entrés en guerre avec elle. Ainsi, ce petit conflit entre l'Empire français et le royaume de Prusse est devenu une véritable guerre, non pas seulement franco-prussienne, mais réellement franco-allemande.

HMD : C'est aussi la raison pour laquelle la guerre a été rapide et s'est terminée par une victoire allemande. Dans la mémoire française, elle reste de ce fait un sujet délicat. La France y a subi successivement deux revers très humiliants : le déroulement de la guerre d'abord, puis la cérémonie à Versailles à la fin des hostilités.

C'est à peine croyable, mais la première phase de la guerre n'a duré que six semaines, jusqu'au 2 septembre, jour de la bataille de Sedan. Cette période se caractérise par une très nette supériorité allemande, numérique et logistique : les troupes allemandes sont mieux préparées et mieux commandées. Les Allemands remportent plusieurs victoires consécutives sur les troupes françaises en août et en septembre, Moltke réussit à diviser l'armée française lors de son offensive en Lorraine. Une partie des troupes se retire à Metz autour du maréchal Bazaine, tandis que l'autre partie se dirige vers Châlons sous le commandement de Mac Mahon, accompagnée par l'empereur.

Les opérations militaires sont très rapides. Bazaine est encerclé dans Metz, la ville est assiégée durant une longue période et Napoléon III et Mac Mahon tentent de la rejoindre. Ils doivent d'abord se retrancher à Sedan dans les Ardennes et sont alors eux-mêmes encerclés. Sedan est bombardée le 31 août et le 2 septembre, l'empereur Napoléon III capitule après avoir été fait prisonnier avec 100 000 soldats. En France, il n'y a pas de tableau connu de la scène, mais en Allemagne, il y a cette très célèbre peinture qui représente l'empereur Napoléon assis à côté de Bismarck. Le visage de Napoléon III exprime sa résignation, il est anéanti. On peut le dire, Sedan a été une nouvelle humiliation pour la France et le symbole d'une évidente supériorité allemande.

AW : À partir de 1871, cette victoire a été commémorée chaque année dans l'Empire allemand. Le « jour de Sedan » a été élevé au rang de fête nationale et est devenu la journée la plus importante pour célébrer l'Allemagne impériale.

C'était la France qui avait déclaré la guerre, elle était donc l'agresseur. En 1914, les rôles se sont complètement inversés, on le sait. Or, déterminer qui est l'agresseur joue toujours un rôle très important quand il s'agit de définir les responsabilités dans une guerre. Dans le cas de la guerre de 70, il n'a pas été du tout négligeable de pouvoir argumenter plus tard, en s'appuyant sur de bonnes raisons, que c'était la France qui avait commencé.

Bismarck tenait particulièrement à maintenir cette guerre à l'écart du reste de l'Europe, à l'isoler en quelque sorte des autres acteurs sur le continent. Il craignait notamment que les puissances européennes, surtout la Grande-Bretagne et la Russie, interviennent dans le conflit avec l'intention d'établir un équilibre différent de celui qui serait issu de la victoire allemande. La France avait misé sur une telle tentation des voisins, mais ses espoirs se sont révélés faux.

Wilhelm Camphausen, *Bismarck et Napoléon III devant la maison du tisserand à Donchery après la bataille de Sedan*, 1878. © Photothèque Hachette.

Après Sedan, le grand problème a été que personne ne savait ce qui allait arriver et quelle situation serait issue du conflit. En fait, on aurait pu conclure une paix rapide. L'Empire de Napoléon III s'était effondré et, après la capture du monarque en personne, la République a été proclamée en France, le 4 septembre 1870. Aujourd'hui encore, il y a en France des rues du Quatre-Septembre qui rappellent cet événement. Il est probable que bien peu de gens savent à quoi ce nom fait référence !

HMD : C'est en effet très peu connu.

AW : Après Sedan, la question de l'Alsace-Lorraine a été mise sur le tapis. La République proclamée, Napoléon III en prison, l'empereur n'était plus un interlocuteur valable pour négocier la paix. Il fallait désormais discuter avec ce nouveau gouvernement républicain, avec Jules Favre et Léon Gambetta. Du côté prussien, une chose était indiscutable : la paix n'était possible que si la France cédait l'Alsace-Lorraine. Après quelques hésitations, Jules Favre et Bismarck se rencontrent le 17 septembre 1870 pour deux longues entrevues. Or le gouvernement républicain refuse catégoriquement de céder le moindre mètre carré de sol français dans le cadre d'un armistice. Il se déclare disposé à payer des réparations assez élevées mais ne veut en aucun cas envisager la moindre cession territoriale.

HMD : C'est alors que commence la seconde phase de la guerre.

AW : Dès que la partie prussienne a considéré que les négociations avaient échoué, Moltke dirige ses troupes vers Paris pour occuper la capitale et obliger ce gouvernement républicain à céder. On peut supposer que Jules Favre n'était pas complètement opposé à céder au moins l'Alsace. Mais lors de son retour à Paris, le climat s'était dégradé, l'atmosphère était devenue presque prérévolutionnaire. Dans ces conditions, il devient impensable pour la France de céder une partie de son territoire. Confronté à de très vives réactions, Jules Favre revoit immédiatement sa politique. Il plaide maintenant lui aussi pour une résistance aux Prussiens et déclare même : « Il nous faut vaincre ou mourir. » Aussitôt, Gambetta appelle à une guerre populaire contre l'envahisseur prusso-allemand et mobilise tous les hommes aptes à la guerre. Les articles du *Petit Journal* du 30 août 1870 rapportent de manière tout à fait vivante la manière dont le climat de guerre s'installe à Paris, avant même la proclamation de la République.

HMD : On y lit :

> La guerre des rues, nous la voulons ; c'est notre guerre, à nous autres, enfants de Paris, et si nous y tombons, ce sera du moins dans le sang de l'ennemi.
>
> Nous ferons arme de tout, nous tuerons tout, nous égorgerons, nous assassinerons, d'une fenêtre ou d'une cave ; si nous n'avons point de fusil, nous prendrons des fourches, des sabres, ou des piques. Peu importe d'ailleurs, il faut tuer [...]. Nous la bénissons cette guerre, car c'est là que ce flot de barbares viendra s'abattre[8].

Le « flot de barbares », ce sont les Allemands et ce sentiment est assez largement répandu. Même le socialiste Auguste Blanqui, qui a été élu commandant d'un bataillon de la Garde nationale pendant le « gouvernement *provisoire* de défense nationale », écrit à l'époque sur les Allemands : « Comme je le hais ce peuple, c'est un peuple de brutes[9]. »

Cette haine caractérise la seconde phase de la guerre : le siège de Paris. Les Français ne pouvaient pas imaginer qu'il durerait aussi longtemps. On comptait plus de combattants français que d'occupants allemands. 236 000 Allemands faisaient face à 250 000 soldats français, mis à la disposition de la défense de Paris, auxquels s'ajoutent deux millions et demi de Parisiens. Tous pensaient alors gagner, notamment grâce aux fortifications qui avaient été construites après la crise du Rhin. Le peuple de Paris s'est senti encerclé de « brutes » qui allaient s'écraser contre les murs de Paris, selon les mots de Victor Hugo.

Dans *Actes et paroles. Depuis l'exil*, paru après le siège de Paris, il écrit le 9 septembre 1870 : « Allemands, si vous persistez, soit, vous êtes avertis, faites, allez, attaquez la muraille de Paris. » On retrouve ce rappel à la Révolution française et la mission civilisatrice des Français dans la plus belle phrase du texte :

> Il me convient d'être avec les peuples qui meurent, je vous plains d'être avec les rois qui tuent[10].

AW : On assiste à un renversement de toutes les représentations de l'autre qui avaient prévalu jusque-là. Pour les Français, les Prussiens et les Allemands sont désormais des barbares insatiables. Tout ce que le mouvement national allemand avait dit de la France dans la première moitié du XIXe siècle est cette fois reproché aux Allemands par les Français – du moins ceux qui pensaient dans ces schémas hostiles. Cette évolution est aussi un prélude au soulèvement de la Commune. Tout l'arsenal des idées qui avaient été construites au moment de la Révolution française et des guerres révolutionnaires en 1792 est remobilisé. C'est à partir de là que Marx, en se référant à Hegel, a forgé sa célèbre formule selon laquelle tout se répète dans l'histoire : « La première fois c'est une tragédie, la seconde fois c'est une farce. » De fait, on peut vraiment interpréter les révoltes françaises et les révolutions du XIXe siècle comme des copies ridicules de la grande révolution : cela vaut déjà pour 1848 et *a fortiori* pour 1870-71.

HMD : Les Français envisageaient alors les choses autrement, qu'ils soient encerclés à Paris ou à la campagne. Dans cette seconde partie de la guerre, ils devaient tout de même encore se battre contre les troupes allemandes, et surtout contre les Uhlans. Le départ de Gambetta, ministre de l'Intérieur quittant Paris, a marqué la culture mémorielle française. Il s'est envolé pour Tours le 7 octobre, à bord d'un ballon, dans le but d'y organiser la libération du pays. Je me souviens très bien de l'image qui était dans mon manuel d'histoire, on voyait Gambetta avec son chapeau haut de forme, debout dans une montgolfière. Dans l'auto-représentation française, Gambetta et ses collègues du gouvernement se trouvaient du bon côté, ils défendaient courageusement leurs valeurs et organisaient la défense avec tous les moyens possibles. Les montgolfières et les pigeons voyageurs deviennent à l'époque des symboles politiques. Pendant ce temps, Gambetta a effectivement cherché à rassembler l'armée autour d'Orléans. Malheureusement, au même moment a eu lieu le désastre de Metz, où le général Bazaine, encerclé, a dû capituler. Il est fait prisonnier, et avec lui ce ne sont pas seulement des soldats, mais aussi beaucoup de matériel militaire français qui tombent aux mains allemandes. Plus tard, ces prises de guerre seront exposées en Allemagne.

AW : Nous devons nous demander si ce contexte parisien n'a pas contribué fortement à attiser l'ambiance belliqueuse. Avant même la Révolution de 1789, la France était convaincue qu'elle était entourée d'ennemis, au moins en partie. Pendant la Révolution française, l'ennemi a d'abord été naturellement la monarchie. Ensuite, il y a eu surtout la contre-révolution qui a été nourrie de l'intérieur, mais aussi de l'extérieur, par les puissances étrangères. De là a découlé une sorte de fanatisation de la Révolution qui, certes, était placée sous le signe des droits de l'homme et du citoyen, en se référant aux principes de liberté, d'égalité et de fraternité ; et pourtant, ceux-ci n'ont été vraiment revendiqués que ponctuellement.

Lorsqu'on lit des textes comme l'article du *Petit Journal* du 30 août 1870, on perçoit qu'il y avait des forces qui encourageaient les tendances bellicistes. Il est intéressant de voir que Jules Favre et Léon Gambetta, ainsi que beaucoup d'autres, étaient certes *contre* la guerre de Napoléon III, mais *pour* la guerre de la nation française qui devait servir à la défense du territoire français. Cela ne correspondait pas du tout aux habitudes de l'époque sur la manière de terminer une guerre.

Adolphe Thiers, un représentant de la bourgeoisie libérale-conservatrice, a même tenté d'inciter la Russie et d'autres puissances européennes à intervenir, mais aucun État n'a répondu à ses avances. Dans la presse britannique et ailleurs, on pouvait lire au contraire que les Français devaient se résoudre à accepter leur défaite avec les conséquences qui en résultaient, ce qui voulait dire, évidemment, des cessions de territoires. On considérait alors que c'était le bon droit du vainqueur. En France, on n'a simplement pas accepté les conditions habituelles qui, au XIXe siècle, permettaient d'achever une guerre et d'arriver à un accord de paix raisonnable.

HMD : Il a bien fallu les accepter après le bombardement de Paris en janvier 1871. L'ambiance, encore assez euphorique au début du siège, s'est vite gâtée, au fur et à mesure qu'arrivent les nouvelles d'autres défaites en province. Le gouvernement à Paris demande à signer un armistice le 19 janvier, le lendemain de la proclamation de l'Empire allemand à Versailles. Et que font alors les troupes allemandes ? Le 1er mars, elles organisent une parade militaire sur les Champs-Élysées... Un lieu qui joue aussi régulièrement un rôle dans l'histoire franco-allemande, car il s'agit de l'avenue la plus prestigieuse de la capitale française.

AW : C'est dans ce contexte que le chef du gouvernement, Adolphe Thiers, qui s'était replié à Bordeaux, reconnaît la défaite, négocie avec Bismarck et accepte la perte de l'Alsace-Lorraine. Puis, dans la dernière semaine de mai, il organise le massacre de la Commune. L'appellation « Commune » avait d'abord désigné le conseil municipal de Paris. Depuis mars 1871, il était dominé par une majorité d'extrême gauche et porté par une dynamique révolutionnaire. Le terme « Commune » définit aussi le soulèvement du peuple de Paris qui a duré deux mois. Marx et plus tard les communistes l'interprètent comme la première tentative d'établir une dictature du prolétariat. C'est ce qui explique que la Commune soit devenue le modèle des futures républiques des conseils.

HMD : Et donc, Thiers d'un côté écrase la Commune dans le sang et de l'autre accepte la perte de l'Alsace-Lorraine, inscrite dans le traité de Francfort du 10 mai 1871. En plus de l'amputation territoriale, la France doit verser à l'Empire allemand une indemnité de guerre de 5 milliards de franc-or en 3 ans. Même si cette somme a pu être assez rapidement payée grâce à un emprunt d'État, c'est un coup dur pour la France vaincue.

AW : La question cruciale est évidemment celle de l'annexion de l'Alsace-Lorraine. Elle a d'abord prolongé la guerre et coûté de nouvelles victimes. La conduite de la guerre après la bataille de Sedan a été brutale et certains chercheurs y voient même un signe annonciateur de la guerre totale, parce que la séparation entre les militaires et la population civile n'a pas été maintenue.

HMD : Était-ce donc une grave erreur de tenir aussi longtemps à l'Alsace-Lorraine ? Il n'a pas manqué de voix pour mettre en garde contre cela.

AW : En 1870 avait eu lieu à Vienne en Autriche un intéressant dialogue entre Adolphe Thiers et l'historien allemand Leopold von Ranke. Les deux hommes étaient amis depuis longtemps et Thiers était, après tout, un grand historien qui avait publié des ouvrages sur la Révolution française et l'histoire du peuple français. Ranke, quant à lui, se trouvait par hasard à Vienne au moment où Thiers (qui n'est pas encore ministre) tentait, en novembre 1870, d'inciter le gouvernement autrichien à intervenir. Les deux hommes se rencontrent par hasard dans leur hôtel et se parlent.

Ranke, dans son Journal, écrit que Thiers est très malheureux à cause de la question de l'Alsace-Lorraine. Tous les gens de lettres de l'époque appréciaient Paris, Ranke était un historien et surtout un homme qui rejetait plutôt le nationalisme. Pourtant, même lui dit à Thiers qu'il est bien logique que les Allemands veuillent récupérer leurs « provinces occidentales ». La guerre n'est donc, poursuit-il, dirigée ni contre Napoléon III – qui est d'ailleurs en prison –, ni contre la France à laquelle les Allemands souhaitent une certaine grandeur. Non, la guerre est dirigée contre Louis XIV.

Du point de vue actuel, c'est étrange, mais nous sommes de nouveau en présence de l'argument historique et de l'incompatibilité des façons dont les deux pays envisagent l'histoire. En France, on a associé ce moment à Charles Quint de la famille des Habsbourg, tandis que les Allemands pensaient à Louis XIV. Ces constructions historiques divergentes sont convoquées dans cette situation franco-allemande. Si on suit Ranke, Louis XIV avait autrefois exploité un moment de faiblesse du Saint-Empire pour lui arracher la ville de Strasbourg sans aucun droit, ni juridique ni historique. Selon lui, les Allemands en veulent aux Français pour cette injustice. Et pourtant, Ranke était tout sauf un nationaliste ardent, mais il pensait simplement que ce méfait pouvait au XIXe siècle encore « attiser la flamme d'une revanche » dans la nation allemande. Il a donc fait la proposition suivante : « Laissez-nous réparer cette injustice ancienne et retrouver l'Alsace-Lorraine, cela nous permettra de rester amis[11]. »

HMD : En quelque sorte, on a là le célèbre panorama de l'histoire à la Ranke permettant d'enjamber les siècles pour résoudre ce conflit.

AW : Je suis même convaincu qu'une grande partie de l'élite intellectuelle allemande aurait volontiers pensé la même chose : vous n'avez qu'à accepter maintenant l'affaire d'Alsace-Lorraine, c'est un territoire allemand, mais cela n'empêche pas que nous soyons en fait amis et que nous puissions le rester. Pour nous, la France est en fin de compte un berceau de civilisation.

Évidemment, les Français percevaient cela différemment. Thiers, et beaucoup avec lui, croyait que si les Allemands demandaient la restitution de l'Alsace-Lorraine, les deux nations mèneraient une guerre sans fin. Elle inaugurerait une inimitié durable et ne pourrait jamais être oubliée. C'est exactement l'argument développé par le tsar Alexandre II, à qui les Français avaient demandé d'intervenir auprès de son oncle Guillaume Ier. Le tsar conseille dès le 21 août 1870 au roi de Prusse de réfléchir au fait que l'annexion de l'Alsace-Lorraine (que les autres gouvernements européens ne trouvaient pas totalement aberrante, même relativement normale) entraînerait une guerre éternelle entre les peuples. Une « paix solide et durable » supposait au contraire beaucoup de doigté de la part des Prussiens :

> La nation française – si, à la suite de ses défaites, elle est traitée avec magnanimité – accusera seulement le gouvernement qui lui a imposé des épreuves aussi rudes. Mais si elle tombe sur un vainqueur décidé à l'humilier et lui infliger des pertes territoriales, elle développera contre lui des ressentiments. Ensuite apparaîtrait entre les peuples une haine sans fin ni frontières. Ce serait un malheur non seulement pour l'Allemagne et la France, mais aussi pour l'Europe tout entière[12].

Certes, les tsars russes ne se distinguaient pas toujours par une perspicacité particulière, mais ce passage est tout à fait pertinent. D'une certaine manière, Alexandre II a ainsi prédit la situation jusqu'à la Première Guerre mondiale et même au-delà. Bismarck tenait donc aux annexions, notamment parce qu'il les estimait nécessaires pour des raisons de politique militaire et de sécurité.

HMD : La guerre de 70 est bien un tournant historique. C'est aussi pourquoi on la considère souvent comme le début de ce qu'on appelle l'inimitié héréditaire entre les Français et les Allemands. On assiste en effet à une nationalisation de l'interprétation de la guerre. D'une certaine façon, en écho au défilé des troupes allemandes sur les Champs-Élysées le 16 juin, a eu lieu une grande parade de la victoire sur la Pariser Platz à Berlin. Elle a duré, dit-on, deux jours. Cette fastueuse manifestation montre de manière assez convaincante qu'à partir de ce conflit, la lecture de la guerre en elle-même bascule, de même que l'identification de ses responsables.

Jusque-là, les Européens avaient plutôt perçu la guerre comme une punition de Dieu à cause des péchés de l'humanité. Il apparaissait donc secondaire de savoir qui en était à l'origine, on subissait les guerres et c'est tout. L'idée qu'on puisse en attribuer la responsabilité au souverain de l'autre camp n'était pas très répandue. Ce n'est qu'à partir de la guerre de 70 que l'on a commencé à accuser l'autre partie, qui était maintenant l'autre peuple, d'être responsable des souffrances endurées. Pour les Français, les envahisseurs allemands étaient coupables, de sorte que la représentation hostile de la nation allemande s'est autonomisée.

Cette nationalisation a eu pour conséquence une radicalisation de la perception de l'autre. Le terrain des grands discours de haine contre les Français ou de haine contre les Allemands a été délaissé au profit du domaine concret des opérations militaires. Les soldats allemands en ont aussi fait l'expérience. Plus ils pénétraient dans le territoire ennemi, plus ils couraient le risque d'être abattus par un civil invisible. Cela a sans doute renforcé les sentiments hostiles. Malgré tout, tous les Français n'éprouvaient pas nécessairement de la haine à l'égard des Allemands.

AW : Tu abordes là une question intéressante. Qu'arrive-t-il à des troupes ennemies qui entrent dans un territoire étranger et l'occupent ? Quelle est la règle : doivent-ils subvenir à leurs besoins ? Les lignes de ravitaillement s'amenuisent au fur et à mesure qu'on pénètre dans le pays. C'est exactement ce qui s'est passé lors du siège de Paris. Bismarck, qui gouvernait depuis Versailles, a exprimé dans ses lettres sa grande inquiétude sur ce siège qui n'en finissait pas. Il ne cessait de craindre une intervention des autres puissances et a même dit plus tard que pour lui, toute cette opération contre Paris était une erreur. C'est Moltke qui y tenait et Bismarck avait tenté de l'en dissuader. Évidemment, les problèmes logistiques se compliquent quand on veut garder la maîtrise de la situation avec une armée qui s'est risquée très loin dans un territoire grand comme la France.

HMD : Les spécialistes d'histoire militaire ont dans leurs recherches récentes beaucoup écrit sur l'expérience des soldats. Dans les ouvrages sur l'armée allemande en France, on constate curieusement qu'il n'est pas question de rencontres entre la population civile française et les soldats allemands.

AW : C'est un sujet largement abordé pour la Première et la Seconde Guerre mondiale, mais en 1870-71, la situation était manifestement différente. Cela s'explique peut-être parce que la période a été trop brève, sans doute, mais effectivement, le sentiment que les soldats allemands étaient en danger était très fort – ils avaient notamment peur des francs-tireurs. Néanmoins, il n'est pas du tout exclu que des relations amicales aient pu exister, aussi bien d'ailleurs entre des hommes allemands et des femmes françaises. C'est tout à fait possible, le phénomène est connu dans d'autres contextes. Donc, théoriquement, des enfants franco-allemands sont nés de ces rencontres, mais on ne le sait pas vraiment.

HMD : Je crois que mon arrière-grand-père est né en 1871… Qui sait ? Son père pourrait théoriquement être un de tes ancêtres…

AW : Un Uhlan venu de Prusse ! Tiens, tiens…

HMD : Les Uhlans n'avaient pas bonne presse quand ils entraient dans les villages sur leurs chevaux, armés de leurs longues lances. Dans ma famille, on raconte qu'un aïeul qui avait une ferme près d'Orléans a été transpercé sous les yeux de sa femme par la lance d'un Uhlan et qu'il s'est retrouvé ainsi embroché sur la porte de sa grange parce qu'il avait refusé de donner ses chevaux. L'histoire, sans doute un peu exagérée, est éloquente. Les Uhlans ont contribué à forger ce mythe de l'envahisseur allemand qui peut faire preuve d'une telle agressivité.

AW : Cela montre à quel point l'histoire peut développer des effets indépendamment de la vérité… En tout cas, voilà un sujet intéressant : dans quelle mesure le comportement des armées nationales se métamorphose au contact de l'adversaire dont elles occupent le territoire. Plus la campagne militaire durait, plus les dangers étaient grands pour les soldats allemands et plus la représentation hostile s'est renforcée. Mais cela ne signifie pas qu'il n'y a pas eu de contact avec les civils.

La recherche sur la guerre de 70 est hésitante : d'un côté, les historiens s'accordent pour dire qu'il ne s'agissait pas d'une guerre totale. Il y avait des buts de guerre précis, un traitement assez correct des prisonniers de guerre et la convention de Genève de 1864 sur les blessés de guerre a été respectée. Mais d'un autre côté, certaines sources montrent que les rapports entre les militaires et la population civile étaient brutaux, comme ton histoire du paysan embroché par une lance.

HMD : *A posteriori*, cette guerre apparaît comme une forme de transition entre une conduite traditionnelle de guerre et la guerre totale telle qu'on la connaît au XXe siècle.

Ce qui est curieux, je trouve, c'est que dans la mémoire française, cette guerre de 1870 est un peu refoulée. Il y a de bonnes raisons à cela : pourquoi devrait-on intégrer dans son histoire nationale un épisode militaire peu glorieux ? Est resté en revanche un mélange d'indignation parce que la France a été attaquée et de honte à cause de la défaite rapide. Pourquoi Bazaine s'est-il laissé encercler à Metz et pourquoi fallait-il que l'empereur soit fait prisonnier à Sedan ? Cette situation était insupportable pour les Français.

Mais je crois que le refoulement de la guerre de 70 est aussi lié au chapitre tragique de la Commune. Après l'armistice, Paris était quasiment hors de contrôle. Les élections municipales du 26 mars 1871 ont donné des majorités radicales de gauche à Paris, à Lyon, à Marseille, à Saint-Étienne ainsi que dans certaines villes industrielles comme Le Creusot. Mais ailleurs qu'à Paris, l'administration municipale autoproclamée a été rapidement destituée et toute forme de révolte a été brutalement réprimée.

Paris est la seule ville où la nouvelle Commune a pu s'imposer. C'est alors qu'a commencé le second siège de la capitale. Dans la mémoire française, il a été bien plus terrible que le premier et a duré de la mi-avril jusqu'au 21 mai. Il faut se représenter la situation : à l'est, les canons allemands sont toujours dirigés contre la ville ; à l'ouest, il y a les troupes françaises du gouvernement, appelées les Versaillais, sous le commandement de Mac Mahon qui, entre-temps, avait été libéré. Entre les deux se trouvent les Fédérés, les membres de la Fédération Républicaine – c'était le nom de ce gouvernement de la ville –, protégés par plus de 1 000 barricades. Ces Parisiens se défendaient peut-être moins contre les troupes allemandes que contre les Versaillais.

AW : C'est une guerre civile.

HMD : Absolument. Au fond, les troupes allemandes assistent à la destruction des barricades, les unes après les autres. Le siège dure six semaines et le 21 mai commence la dramatique semaine sanglante qui marque la fin de la Commune. Pendant la signature du traité de Francfort, les combats de rues se multiplient, surtout dans les quartiers ouvriers de la partie est de la ville. Cette guerre civile, avec ses actes désespérés, est gravée dans la mémoire collective française.

Lorsque les Fédérés constatent que la révolte est écrasée dans le sang, ils mettent le feu à des bâtiments publics, comme l'Hôtel de ville, les Tuileries, la Préfecture de Police, bref les incarnations du pouvoir. La Cour des Comptes et le Conseil d'État, la plus haute juridiction administrative, sont incendiés ou sont détruits. Tout cela s'arrête les 18 et 20 mai ; l'armée allemande est restée spectatrice et n'est pas intervenue. Cela a laissé un arrière-goût très amer. Thiers n'est pas seulement celui qui a négocié les conditions de paix avec les Allemands, il est aussi celui qui a liquidé la Commune ; sa maison parisienne du 9e arrondissement a été détruite, ainsi que la colonne Vendôme.

AW : La Commune est un très vaste sujet, d'ailleurs aussi pour la culture mémorielle du marxisme-léninisme et du parti communiste, pas seulement en France, mais également au sein de l'Internationale communiste.

HMD : Plus tard, en RDA, elle a joué un grand rôle, parce qu'elle y a été interprétée comme la tentative remarquable d'une révolution prolétarienne. Si on observe la structure sociale de Paris, ce n'est pas tout à fait juste car, au sens marxiste du terme, ce n'est pas un prolétariat ouvrier salarié qui s'est rebellé, mais plutôt des artisans et des travailleurs indépendants qui avaient peut-être leur propre petit atelier.

AW : La Commune reste un très important lieu de mémoire, elle est aussi un exemple supplémentaire de cette histoire, dont nous avons déjà parlé, de radicalisation et de fanatisation de la ville de Paris, notamment de ses couches petites bourgeoises. Je vois une continuité évidente entre les sans-culottes et les communards qui donne à cette ville pour ainsi dire une vocation révolutionnaire.

Il est frappant de constater que cette ambiance belliciste a perduré à Paris alors même que la Troisième République (1870-1940) avait fini par accepter les conditions de la Paix de Francfort. La colère a cherché une nouvelle cible et les foules se sont dressées contre le gouvernement de Thiers. D'où cela vient-il ? C'est à mon avis un mécanisme propre à la ville de Paris, qui a été ravivé de temps à autre, encore au XXe siècle. On pense au 6 février 1934, lorsque les protestations contre le gouvernement Daladier se terminent dans la violence. On peut aussi se demander si la tradition n'a pas continué en mai 1968. Mais ce ne sont que des spéculations car la structure sociale de Paris a changé au cours du XXe siècle.

Si l'on regarde la ville de Paris aujourd'hui, on retrouve ce clivage entre l'est où vit une population assez modeste et l'ouest qui est plus bourgeois-aristocratique. Cela s'explique par les grands travaux entamés par le préfet Haussmann au XIXe siècle, ce qu'on a appelé l'« haussmannisation » de la capitale. À cette époque, on a détruit des rues entières des anciens quartiers populaires et on a construit le Paris actuel avec ses grands boulevards. L'intention des dirigeants était de rendre la ville plus sûre et ils avaient besoin de ces larges boulevards pour permettre aux forces de l'ordre d'intervenir rapidement et de garder la ville sous contrôle. Certains ont vu dans la Commune une tentative des Parisiens ordinaires de reprendre la maîtrise de leurs territoires urbains. Il y a là une dynamique franco-française.

HMD : Dans le contexte du siège par les troupes allemandes, des artistes et intellectuels se sont manifestés à côté de Victor Hugo qui s'est adressé aux « brutes ». Ils ont appelé les Allemands à construire un meilleur avenir avec les Français. L'idée que les peuples français et allemand, au fond, ont un destin commun n'a pas été détruite. Le peintre Gustave Courbet en est un exemple. Si ses œuvres sont connues en Allemagne également, ce qui l'est moins, ce sont les fonctions qu'il a occupées à cette époque. Il était en effet président de la Fédération des Artistes pour la sauvegarde des musées nationaux. Plus tard, il a même été rendu responsable de la chute de la colonne Vendôme. Pourtant il a, et c'est intéressant, envoyé deux lettres aux artistes allemands pour les appeler à « ériger une colonne, la colonne de l'Allemagne et de la France à jamais fédérées » précisément sur cette place Vendôme[13].

Cette idée du destin commun des peuples est tout à fait présente à cette époque. Dans les archives, on trouve de très nombreux tracts qui, pendant le siège de Paris, appelaient les soldats allemands à cesser les combats au nom de la « République universelle ». Certains avaient même comme but de construire les États-Unis de l'Europe. Il ne faut pas oublier qu'il n'y avait pas seulement des points de vue et positions patriotiques, voire nationalistes, mais aussi des hommes qui pensaient que tout cela n'avait pas de sens. La colonne Vendôme a été vite reconstruite par le gouvernement et parallèlement la *Siegessäule* (colonne de la Victoire) a été édifiée à Berlin.

AW : En France, on se référait alors au « peuple » de manière récurrente et avec beaucoup d'emphase. Pourtant, ce terme a plusieurs sens. Peut-être le mot « nation » est-il moins adapté pour décrire le sentiment de cohésion entre les peuples que le mot « peuple » qui inclut une ambition universelle de réconciliation, et aussi l'idée des États-Unis d'Europe, ce qui est une notion tout à fait moderne…

HMD : … bien qu'elle ait été lancée par Victor Hugo.

AW : La notion de « peuple » induit aussi une touche de fanatisme et d'utopisme que l'on peut tout à fait instrumentaliser au service d'un discours belliciste. Dans l'histoire de France, ce sentiment de faire partie d'un même ensemble paraît d'une certaine manière fluctuer entre une prétention universelle qui pourrait conduire à une réconciliation entre les peuples d'une part et, d'autre part, à un fanatisme qui est tout aussi facile à mobiliser au nom de buts très différents, plus précisément de buts belliqueux. Il n'est pas exclu que les mêmes personnes aient joué sur les deux registres, selon la situation. Cette ambiguïté du terme « peuple » et de ce que ce peuple veut vraiment est une caractéristique de cette époque.

Au fond, en 1871, toutes les forces politiques déterminantes en France ont invoqué le « peuple ». Face à un Napoléon III déchu et aux bonapartistes, les républicains de gauche se rassemblent autour de Gambetta et de Favre qui étaient favorables à la guerre jusqu'à ce qu'elle ne soit plus possible. C'est alors que Thiers entre en scène. Ce libéral bourgeois classique qui essaie encore de tirer le meilleur profit de la situation a écrasé la Commune ; il avait été confronté au gouvernement de la Commune fanatisé et le voici face à cette aile utopiste-pacifiste des républicains de gauche dont tu viens de parler et qui développe des discours de réconciliation. Ceux-ci étaient particulièrement porteurs d'avenir : après la Première Guerre mondiale, nombreux sont ceux qui s'y sont référés.

HMD : Autre point intéressant : que fait-on lorsqu'on a subi une double défaite ? Le peuple français a subi à cette époque non seulement une défaite contre l'Allemagne, mais aussi l'échec de cette Commune. Cela explique la très forte présence de l'Alsace-Lorraine dans le discours public français durant les années d'après-guerre d'une part – elle était alors volontiers représentée par une femme endeuillée qui attend la revanche – et, d'autre part, les conflits intérieurs français.

AW : L'obsession de l'Alsace-Lorraine a été aussi un moyen d'occulter les conflits de politique intérieure et de créer un consensus national autour de l'hostilité à l'Allemagne.

HMD : Un grand symbole du dépassement des conflits intérieurs a été la construction de la basilique du Sacré-Cœur. La plupart des touristes qui visitent cette église l'ignorent…

AW : En plus, elle est plutôt laide…

HMD : Moi aussi je la trouve très kitsch, mais le Sacré-Cœur est d'une certaine manière une repentance monumentale. La France catholique conservatrice a interprété les événements de 1871 comme la conséquence du déclin moral du pays qui avait commencé à la Révolution et qui a fini par déboucher sur ce soulèvement criminel de la Commune. Un des plus graves péchés était la manière dont le peuple avait tenté de prendre le pouvoir. Par conséquent, une régénération morale de la société était nécessaire après l'impasse de 1871, considérée comme une punition de Dieu. C'est bien pourquoi on a construit cette basilique qui avait été au départ demandée par la Société Saint-Vincent-de-Paul. Ensuite, on a décidé de commencer en 1876 les travaux de construction, le jour anniversaire des incendies de la Commune.

AW : La construction a été financée par une souscription, que je sache, c'est donc qu'il y a eu un élan de la part de la société civile.

HMD : Exactement, et toutes les étapes de ce chantier, la décision elle-même, la pose de la première pierre et la consécration de la basilique, ont été associées à l'écrasement de la Commune. Ainsi, les Parisiens pouvaient voir tous les jours sur les hauteurs de Montmartre ce qu'ils avaient à expier, sous la forme de cette basilique.

AW : On peut lire l'histoire de Paris comme un palimpseste, c'est-à-dire comme un manuscrit qu'on ne cesse de gratter pour écrire par-dessus. En fait, on peut le dire de toute grande ville qui a un long passé, mais c'est particulièrement vrai pour les événements de 1871. Quand on va au cimetière du Père-Lachaise, on trouve le célèbre mur des Fédérés contre lequel environ 140 insurgés ont été fusillés, donc tout près des troupes allemandes qui sont ainsi devenues en quelque sorte les sentinelles de la répression. En tout cas, ce qui s'est passé en 1870-71 est encore omniprésent dans le Paris d'aujourd'hui : du mur des Fédérés à la basilique du Sacré-Cœur en passant par les rues comme l'avenue Gambetta.

Tous ces récits différents ont pu coexister. Un discours hostile à l'Allemagne selon lequel l'issue de la guerre avait révélé au grand jour le prussianisme grimaçant et menaçant s'est perpétué. Mais il y a eu aussi les demandes d'expiation dont tu as parlé pour les errements de la nation française pendant le règne de Napoléon III et surtout pendant l'insurrection de la Commune.

Après la guerre, c'est aussi avant la guerre

HMD : En France, après 1871, on a assez lucidement tiré les conséquences de la guerre et on a réfléchi aux raisons qui avaient mené à cette défaite. Notamment, on s'est mis à beaucoup observer l'Allemagne qui avait indubitablement de l'avance dans le domaine de l'éducation. Fallait-il la prendre pour modèle ? Il est vrai que le taux d'alphabétisation y était supérieur à celui de la France. Et puis, la qualité et le poids de la culture allemande ont été honnêtement reconnus. Aussi s'est-on interrogé. Comment était construit le système éducatif allemand ? Comment fonctionnait la recherche dans les universités ? D'où l'Allemagne tirait-elle sa puissance ?

Il n'est donc pas surprenant que les nombreuses réformes de la Troisième République, et plus spécifiquement la refonte du système scolaire français dans le cadre des grandes lois sur la liberté, aient été conçues non seulement pour armer la République contre les forces de réaction, mais aussi pour répondre à cette avance et cette force allemandes. Le peuple français devait être mieux formé et éduqué pour fournir des défenseurs au nouveau régime de progrès. À l'idéal républicain d'instruire uniformément les citoyens, tous égaux, et surtout à la volonté de les soustraire à l'influence de l'Église, s'ajoutaient ainsi des raisons très pragmatiques pour justifier ces réformes : il fallait que la France rattrapât son retard par rapport à son voisin allemand.

AW : Claude Digeon a écrit à ce sujet un livre qui a fait autorité, *La crise allemande de la pensée française*. Il y analyse avec pertinence ce rôle de modèle que joue l'Allemagne et qui révèle en même temps une crise dans la pensée française. D'un côté, l'Empire allemand après 1871 devient un modèle qu'on admire, de l'autre, l'inévitable idée de revanche se fige en France et on assiste dans les deux pays à un accroissement des images hostiles. À ce titre, pour les relations franco-allemandes, les deux guerres de 1866 et 1870-71 ont eu une signification historique d'ampleur européenne.

En effet, pour l'Europe dans son ensemble, ce qui se passe après 1871 a, à mon avis, une importance cruciale. La France évolue durablement vers une position de défense stratégique permanente. La cause en est la structure de cet Empire allemand au poids démographique plus lourd. Sa population était plus nombreuse et surtout, au début, en comparaison plus jeune. Il faut se rappeler que, dans la France du XIXe siècle, la famille à enfant unique était un modèle très répandu car on voulait contrôler la croissance de la population au sens de Thomas Malthus.

HMD : À l'époque, l'Allemagne était d'ailleurs un pays d'émigration. Beaucoup de gens ignorent aujourd'hui que dans ces années-là, à Paris par exemple, quantité d'Allemands travaillaient comme petites bonnes ou comme artisans.

AW : Beaucoup allaient chercher du travail chez le voisin. Mais en même temps, et cela inquiétait les Français, l'Empire allemand possédait davantage de matières premières, notamment des mines de charbon. Elles fournissaient aux Allemands une base industrielle dans des domaines alors décisifs pour accéder au statut de grande puissance, à savoir le charbon, le fer et l'acier. À cet égard, la France ne pouvait pas concurrencer l'Allemagne. Certes, elle disposait de minerai de fer, mais elle manquait de charbon, ce que la perte de l'Alsace-Lorraine avait encore aggravé. La Lorraine était le cœur de l'industrie française de l'acier. Et ce sont là les deux éléments structurants qui ont placé la France, tant du point de vue émotionnel qu'objectif, dans une situation de défense stratégique.

Ainsi, le cours d'une histoire millénaire s'est inversé : auparavant, le Saint-Empire romain germanique, qui était un ensemble fragile d'États, avait toujours été plus faible qu'une France moderne, d'abord absolutiste, puis organisée en nation fortement centralisée après la Révolution. Et les récits nationaux se modifient en conséquence. Jusqu'en 1871, « les Allemands », toujours avec les restrictions dont nous avons déjà parlé, avaient accusé les Français d'être des rapaces avides de conquêtes. À partir de 1866, ce sont plutôt les Français qui s'inquiètent de l'agressivité de l'Allemagne. Il faut reconnaître que ce qu'ils vivent en quelques décennies vient confirmer ces craintes de manière spectaculaire, à travers trois invasions : 1870-71, 1914-1918 et 1940-1944. Toutes les agressions que les Allemands avaient pu reprocher aux Français pendant la première moitié du XIXe siècle, comme toutes les guerres de succession, etc. de l'Ancien Régime, passaient au second plan. À présent, les Français subissaient à leur tour une série d'invasions et se considéraient du coup comme des victimes de la « rapacité » prusso-allemande.

HMD : C'est un schéma structurant et récurrent dans les relations franco-allemandes. Le sentiment d'être menacé, conscient ou inconscient, mais permanent, est très vite et facilement mobilisable. Il en va de même pour le besoin de sécurité qui en découle et que nous allons retrouver à plusieurs reprises au XXe siècle. Lors de la réunification allemande en 1990, ce schéma a ressurgi de manière inattendue, manifestant combien son empreinte restait forte et profonde dans la relation de la France à son voisin.

AW : Au moment de la réunification, la démographie est de nouveau un facteur important, je l'ai constaté moi-même. En 1990, j'ai assisté un jour à un grand débat à Paris où il était question de la possibilité d'une réunification de l'Allemagne ; à l'époque, on ne parlait que de cela. Et là, une personne dans le public a fait remarquer que, d'un seul coup, l'Allemagne allait compter 17 millions de citoyens supplémentaires. Évidemment, toute la salle a éclaté de rire parce que ces 17 millions d'habitants de la RDA existaient déjà. Il n'empêche que ce changement a impressionné à un moment où la France avait espéré à juste titre pouvoir bientôt dépasser la République fédérale dont le taux de natalité était nettement plus bas. Ce rêve partait en fumée parce que l'Allemagne réunifiée compterait un nombre d'habitants que la France ne pourrait pas atteindre.

HMD : L'argument démographique est d'autant plus pertinent que la croissance démographique à la fin du XIXe siècle, donc après la guerre de 70, coïncide avec une dynamique industrielle et une Allemagne marquée par une grande modernité. L'industrie chimique, la construction mécanique, l'industrie électronique, tout ce que, aujourd'hui encore, les Français associent immédiatement à des produits allemands, toutes ces industries sont apparues au moment de la fondation de l'Empire. La proclamation du nouvel

État et son expansion ont confirmé ce qu'on avait pu vaguement craindre en 1866. En France, on a nettement perçu cet extraordinaire essor économique, ce qu'en Allemagne on appelle la *Gründerzeit*, l'époque des fondateurs, et qui a duré jusqu'à la première crise de 1873.

Les Français ne se trompent pas tout à fait car l'économie allemande prospère aussi grâce aux 5 milliards de franc-or que le perdant de la guerre, la France, a dû payer à l'Allemagne. À l'expérience de la défaite s'est ajoutée aussi, symboliquement, la constatation objective et juste qu'une grande puissance – militaire mais également économique – était née sur le continent. L'Allemagne dépassait désormais la France et elle était potentiellement agressive.

AW : Cela explique dans une large mesure ce qu'on a appelé la politique d'exécution après le traité de Versailles de 1919 : lors des années suivantes, la France restera intransigeante dans son exigence d'indemnités concrètes, conformes à la lettre du traité, de la part de l'Allemagne vaincue – nous allons sans doute en reparler. Je pense que jusqu'à aujourd'hui, ce déséquilibre influence la vision des Français sur l'Allemagne et que de nos jours, dans le domaine politique, – à quelques exceptions près, par exemple lorsque Angela Merkel rencontre Emmanuel Macron – le sujet Allemagne est plus présent en France que l'inverse. C'est un constat ancien : le plus fort n'a pas besoin de s'occuper de ce que pense et fait le plus faible. En revanche, celui-ci est évidemment toujours un peu obnubilé par celui qui est potentiellement plus fort. Je crois que ce mécanisme est apparu au moment de la guerre de 1870-71.

HMD : Ce schéma est récurrent dans le domaine culturel et jusqu'à aujourd'hui. Après la guerre de 70, un écrivain qui n'est plus très connu, Elme-Marie Caro, a rendu célèbre la théorie des « deux Allemagnes ». Dans son article *Les deux Allemagnes. Madame de Staël et Henri Heine*, il décrit en 1871 la profonde déception des Français après la guerre. À ses yeux, la France est un pays très généreux, aimable, tout prêt à admirer l'Allemagne, comme Madame de Staël avait aimé les poètes et les penseurs allemands : « Elle admira sans réserve l'Allemagne, elle l'aima sans restriction et sans défiance[14]. »

Maintenant, poursuit-il, pendant que les Français l'admiraient, le peuple allemand a soudain pris conscience de sa propre force et de ses ambitions : « Une ambition très positive s'est éveillée en lui : il veut être maître de la terre[15]. » Voilà que ce peuple affectionné et apprécié avait élaboré un plan d'action et était apparu soudain avec un casque à pointe. Les Français en ont été fort déçus : comme des rêveurs un peu naïfs, ils n'avaient pas remarqué qu'une grande puissance était en train de naître sous leurs yeux. Selon Caro, cette puissance était certes composée de poètes et de penseurs mais elle avait désormais les moyens de s'imposer en Europe, grâce à son casque à pointe et des forces militaires efficaces. Il théorise aussi la déception, cette peur qu'on s'inspire à soi-même, quand on aime trop les Allemands et il conseille la prudence. Face à ce peuple allemand ambivalent, il faut demeurer sur ses gardes car il pourrait tout à coup montrer l'autre face de sa personnalité, sans que l'on s'y attende.

AW : Rechercher les raisons de la défaite de la France dans son propre aveuglement sur la nature hostile et prédatrice du peuple allemand et exiger ensuite qu'elle s'éloigne de cette illusion relève tout de même d'un raisonnement un peu simpliste. Mais le schéma d'explication est demeuré séduisant jusqu'au lendemain de la Première Guerre mondiale, dans une période où les faucons en France voulaient définitivement mettre fin à l'indulgence. Un bon exemple en est Poincaré, président de la République de 1913 à 1920, puis président du Conseil de 1922 à 1924, et dans cette fonction l'un des décisionnaires de l'occupation de la Ruhr. En 1919, ces faucons considéraient que lors des négociations de la Conférence de paix à Paris, la France devait strictement faire valoir sa puissance politique au nom de sa propre sécurité afin de ne pas risquer de commettre à nouveau la même erreur d'appréciation du voisin. Cet avis était largement partagé. J'ai trouvé un passage que je trouve particulièrement sympathique chez le journaliste Paul de Saint-Victor. Il écrit en 1871, lorsque la France entière s'inquiète de sa relation avec l'Allemagne :

> La légende avait formé entre elle et nous le plus trompeur des mirages. Nous l'avions peuplée de figures idéales ou débonnaires de ses poètes. Ce n'étaient que des savants ingénus, étudiants rêveurs, fiancés platoniques, patriarches contemplatifs assis sous les tilleuls de leur petite ville[16].

HMD : C'est évidemment une caricature et une image reconstruite après coup qui doit expliquer le pourquoi de cette défaite.

AW : Je voudrais encore citer un autre auteur, Alfred Mézières, un important germaniste et professeur de littératures étrangères à la Sorbonne. Dès octobre 1870, il écrit :

> L'Allemagne pacifique, modérée, que nous croyions la grande, la véritable Allemagne, que nous supposions composer

> l'immense majorité du pays, a été débordée et entrainée par la Prusse dans une guerre à outrance, dans une guerre qui a commencé par la dévastation de nos campagnes et qui veut se continuer par la spoliation. Nous avons vu alors s'élancer sur nous, mettant de côté tout scrupule et toute modération de langage, une Allemagne ambitieuse, avide, conquérante, l'Allemagne enfin telle que l'a façonnée la main de M. de Bismarck[17].

Le monde de Goethe n'existe plus pour lui. À sa place, il y a Bismarck. Elle est là, cette image des deux Allemagnes qui a laissé une empreinte profonde dans la mentalité française jusqu'à une époque tardive, au XXe siècle.

HMD : Les perceptions du voisin allemand sous forme de clichés ont fait l'objet de recherches. Au fil des années se sont dégagés trois stéréotypes différents : d'abord, le barbare qui plonge dans l'histoire très ancienne, la brute, l'incohérent, l'excessif, l'agressif. En deuxième lieu, le cliché romantique du pays des poètes et des penseurs aux dispositions mélancoliques et artistiques – pays de la philosophie et de la musique, mais qui a aussi une tendance à l'irrationalité et est donc vulnérable aux idéologies. Troisièmement, la perception qui prévaut jusqu'à aujourd'hui du progrès industriel, rapide, soutenu par des gros bourgeois bien-pensants et zélés, ponctuels, disciplinés et peu imaginatifs. Bien qu'ils soient excessifs et par nature contestables, je suis convaincue qu'il faut prendre au sérieux les stéréotypes car ils servent à simplifier quelque chose de complexe en associant ce que l'on voit à ce que l'on croit connaître. Ils fonctionnent comme une confirmation que le monde est bien tel qu'on pense qu'il est. Ils rassurent, même si leur contenu est inquiétant. Naturellement, il existe aussi, en miroir, beaucoup de stéréotypes sur les Français en Allemagne.

AW : L'abondante littérature produite au moment de la guerre de 70 en donne à voir. On rencontre d'abord le stéréotype d'une France moralement décadente qui s'adonne à la jouissance, aux plaisirs et à l'érotisme, ce qui contredirait absolument, dans la pratique, sa prétention à représenter la civilisation. Certains Allemands estimaient que la guerre contre cette nation soi-disant civilisée avait permis d'entrevoir le fond d'un gouffre de déchéance morale, tous les discours sur la civilisation se révélant ainsi être des mensonges. Ce stéréotype, soulignant l'arrogance dans le comportement et en même temps la décadence morale, a été largement répandu et a influencé beaucoup d'Allemands.

HMD : Tout de même, il faut dire aussi qu'à côté de ces stéréotypes figés qui servent en fait à réduire la complexité des situations, il y a toujours eu d'autres voix qui se sont fait entendre. En France, certains auteurs avaient, avant même 1870-71, mis en garde contre une Prusse ou une Allemagne aspirant potentiellement à la puissance, voire devenant agressive. Tout le monde ne croyait pas à cette caricature des paisibles patriarches assis sous les tilleuls. Ce n'était pas la seule image que les Français avaient des Allemands. En miroir, en Allemagne, on s'est senti confirmé dans ses représentations des Français tout en pensant avoir enfin réussi à entamer leur arrogance sur leur idée de la civilisation.

AW : Dans ce contexte, il est intéressant de citer l'historien Heinrich von Sybel, un élève de Ranke, à l'origine un libéral et membre de la *Paulskirche* (le Parlement de Francfort en 1848) qui, ayant l'impression d'un tournant politique, avait évolué vers ce qu'on appelle la *Realpolitik*. Il s'était engagé fortement aux côtés des partisans de la solution prussienne de la petite Allemagne. Dans son *Histoire de l'Europe pendant la période de la Révolution* en sept volumes, il exprime déjà cette conception d'une histoire de France ambivalente. Selon lui, la Révolution était jusqu'en 1792 l'expression d'une époque libérale, éclairée, puis elle s'était fourvoyée. Soit dit en passant, il développe un point de vue partagé par son collègue français François Furet qui, au XXe siècle encore, parle de « dérapage ». Si la France s'était écartée du bon chemin, c'était à cause du déclin moral de son peuple.

HMD : Manifestement, Sybel a porté des jugements très critiques sur la Commune, comme sur les sans-culottes et la Terreur.

AW : Et ce Sybel, qui avait déjà beaucoup écrit sur le déclin moral de la France, a tenu en 1872 un discours à Bonn dont le titre est « Ce que nous pouvons apprendre de la France ».

HMD : Ah oui ! Je connais ce texte.

AW : Dans cette conférence, il dit que l'Empire allemand ne doit pas plus se surestimer qu'il ne doit surestimer la France. D'une certaine manière, en accord avec Ranke, son professeur, il ajoute :

> Rien ne serait plus plaisant qu'un apaisement définitif de la querelle. Il serait tout à fait faux et ce serait pour notre propre sécurité hautement dangereux de sous-estimer [les Français] ou de les mépriser comme un peuple dépravé. Ils sont travailleurs, spirituels, ils ont du goût et nous dépassent aujourd'hui encore dans maint domaine ; ils sont différents de nous, mais

> tout aussi talentueux que nous ; ce serait un inestimable bienfait pour le monde s'ils nous donnaient la possibilité, comme avant la guerre, de nous compléter par l'échange de nos qualités réciproques et de rivaliser ensemble dans les domaines du travail pacifique[18].

Bien évidemment, la supériorité de l'Allemand est implicite, mais Sybel pensait que ses compatriotes devaient enfin retrouver des relations amicales avec leurs voisins.

HMD : En cette même année 1872, un historien français, Jules Zeller, a écrit son *Histoire de l'Allemagne*. On a l'impression qu'après la guerre, les historiens des deux côtés de la frontière ont trouvé leur registre. *A fortiori* en France où leur influence s'est accrue après la défaite. On leur demandait d'expliquer pourquoi les choses en étaient arrivées là. Deux camps se sont formés parmi les historiens : les uns soutenaient que c'était la faute de la France, les autres reprochaient aux Allemands d'être agressifs.

Dans les universités françaises, les germanistes ont orienté leur discipline de manière nouvelle en n'étudiant plus seulement les œuvres des poètes et des écrivains du passé ou du présent, mais en se demandant pourquoi ce peuple de poètes et de penseurs était devenu un agresseur. Autrement dit, comment concilier Goethe et Guillaume II, les *Souffrances du jeune Werther* et le casque à pointe ? Au sein de la discipline, on s'est beaucoup intéressé à la philosophie allemande contemporaine, dans laquelle on cherchait des explications à l'*hybris* allemande, mais l'intérêt se porta également sur les réalités politico-sociales de l'époque et sur l'histoire allemande. C'est une spécificité de la germanistique française. À la différence de celle des autres pays, elle a mis en place cette expertise de la philosophie et de l'histoire du pays voisin. Elle était tenaillée par le besoin de mieux le connaître pour analyser les raisons de la défaite.

AW : La période 1871-1914 est jalonnée de toutes sortes de tensions politiques entre les deux pays, qui se nourrissent de l'histoire entre 1866 et 1871, et même antérieure à ces dates. Parallèlement, les relations d'échanges subsistent, entre les deux guerres mondiales également. On manifeste de l'intérêt l'un pour l'autre, il y a les experts, les intellectuels désireux d'une réconciliation mais aussi des entrepreneurs qui, pour des raisons économiques, ont alors un intérêt à coopérer avec le pays voisin pour en tirer le meilleur profit possible.

HMD : Cet aspect est important. Je crois qu'il faut souligner qu'entre les deux pays, les relations, certes fondées sur la rivalité, ont permis aussi de multiples contacts et des dépendances réciproques. On ne peut pas faire comme si les choses avaient été statiques. La recherche récente le montre. Concurrence et échange ne s'excluent pas, au contraire, ils se superposent, de sorte qu'on peut parler d'une imbrication des liens.

C'est d'autant plus facile à comprendre que les deux pays connaissent les mêmes bouleversements techniques qui modifient soudainement la communication sociale et la mobilité, comme le développement du chemin de fer et des télégraphes, ou des phénomènes culturels comme la presse de masse. Avant le tournant du siècle, les médias tenaient une place bien plus grande qu'auparavant dans ces nations qui s'observaient mutuellement. On s'intéressait à la manière dont s'organisaient l'économie, la société et l'urbanisation chez le voisin. D'intenses relations commerciales et financières se tissaient, ainsi que des réseaux scientifiques internationaux. Pourtant, la majorité des gens pensait que ces nouveautés étaient des particularités nationales, alors qu'en réalité il s'agissait d'idées et de schémas partagés qui circulaient constamment entre les deux pays et étaient à chaque fois réadaptés.

AW : L'histoire des guerres a quelque peu occulté la mémoire de tous ces échanges. Dans cette période, des mouvements comme le pacifisme, le mouvement ouvrier et celui des femmes s'épanouissent tant dans le cadre bilatéral qu'international. La France et l'Allemagne y jouent un rôle de précurseurs. Ces relations très denses entre les deux pays, disons entre les deux « peuples », ne faiblissent pas : elles s'amplifient même malgré la propagation de clichés hostiles. Elles se transforment en une obsession du voisin et elles méritent d'autant plus d'être étudiées qu'elles se déroulent dans un flux ininterrompu. D'un côté, l'historien Jules Zeller fait remonter l'inimitié entre la France et l'Allemagne à l'Antiquité : pour lui, les Germains ont toujours été des barbares. De l'autre, on voit dans les contacts culturels qui se développent parallèlement à l'hostilité que des amitiés d'une vie peuvent se nouer, comme celle qui a existé entre le romaniste allemand Ernst Robert Curtius et l'écrivain français André Gide.

HMD : Oui, mais cela s'est produit surtout après la Première Guerre mondiale. Peu après 1871, en revanche, ce que nous sommes en train de décrire a bien lieu, mais la période qui sépare la guerre de 70 de la Première Guerre mondiale est, sur le plan politique, marquée à la fois par une surveillance peu amicale de l'autre et par la recherche d'alliances. Le projet du gouvernement français était d'organiser la possibilité d'une revanche, et de neutraliser l'autre – tout comme Bismarck. L'obsession française de revanche constituait un point de fixation dans son « cauchemar des coalitions » contre l'Allemagne. Le mot français « revanche » s'est du reste installé dans la langue allemande après 1871, il a été utilisé dans les journaux de l'époque et était généralement compris.

Je trouve intéressant qu'à ce moment-là, il n'ait même pas été nécessaire en Allemagne d'apporter des preuves de l'état d'esprit des Français. Car dans le climat de l'époque, il était parfaitement compréhensible que l'annexion de l'Alsace-Lorraine ne puisse pas être acceptée en France. Dans la situation inverse, on aurait réagi exactement de la même manière, non ? Comme chacun sait, Bismarck avait très bien compris que, à cause de la situation de l'Empire allemand au centre de l'Europe, il avait de nombreux voisins et donc de nombreux ennemis potentiels. Sa politique visait en premier lieu à renforcer et unifier l'Empire sur le plan intérieur. C'est pourquoi il a cherché à empêcher les alliances qui pouvaient se tourner contre lui. Son but était aussi d'écarter le danger d'une guerre française de revanche. Cette politique a été formulée en 1877 dans le *Kissinger Diktat* (« la dictée de Kissingen »). La ligne directrice, voire l'image idéale de Bismarck était « non pas de conquérir un territoire quelconque, mais de créer une situation politique générale où toutes les puissances sauf la France ont besoin de nous, et sont autant que possible dissuadées de former des coalitions contre nous par leurs relations réciproques[19] ».

Bismarck avait bien l'intention d'isoler la France afin qu'elle ne trouve pas d'allié pour s'opposer à l'Allemagne.

AW : Dans ce contexte, il faut se demander si la guerre de 1870-71 devait conduire nécessairement à la constellation de la Première Guerre mondiale. En France, il y a cette expression : « ne jamais en parler, mais toujours y penser ». Il était évident que le pays entier voulait la revanche pour l'Alsace-Lorraine. Y avait-il une nécessité à ce que les choses se passent ainsi ? Les Français avaient-ils raison de dire avec Adolphe Thiers que le germe d'une guerre durable avait été semé dès l'annexion de l'Alsace-Lorraine – comme le pensait aussi le tsar Alexandre II ? Quand on est historien, ne doit-on pas toujours chercher à identifier des situations ouvertes, des alternatives potentielles dans l'histoire ?

HMD : C'est difficile à évaluer parce qu'à cette époque émerge quelque chose de nouveau, l'impérialisme, qu'on appelle *Weltpolitik* en allemand. Nous n'avons pas encore abordé cette vision des choses particulière qui s'est alors imposée en Allemagne. Du fait de la constitution tardive de son État national, l'Empire allemand craignait de ne pas pouvoir jouer un rôle dans la nouvelle donne de la politique mondiale. On avait laissé passer le moment de s'assurer une « place au soleil », selon la formule de Bülow en 1897 au *Reichstag*. Pendant qu'on s'efforçait encore au XIXe siècle d'unifier l'Allemagne morcelée en de nombreux petits États, les autres puissances – dont la France et la Grande-Bretagne – avaient pu se lancer à la conquête du monde, notamment en Afrique, mais aussi en Asie pour s'approprier des colonies. Dans l'auto-représentation exprimée par les mots de Bülow, l'Allemagne, « nation retardataire », se décrit en quelque sorte comme une victime.

Une telle affirmation peut certes être interprétée comme un constat qui n'est dirigé contre personne. Peut-être, dans ce cas, peut-on penser aussi que l'aspiration allemande à la grandeur n'a existé que dans le ressenti de ses voisins et a nourri leur méfiance[22]. Mais le discours de Bülow, si on le lit en entier et si on considère le moment où il a été prononcé, montre le contraire. Cette Allemagne, en forte expansion, avait le sentiment d'avoir été lésée et traitée de manière inadéquate et injuste. C'est une mise en scène de soi dans un contexte dont il est difficile d'évaluer la force explosive. Ce qui me dérange, c'est d'admettre que la guerre soit le seul moyen de mettre fin à la concurrence.

Pour les historiens français, l'idée de la fatalité joue ici un grand rôle. Je pense par exemple à la mort malheureuse de Frédéric III, le fils de Guillaume Ier, qui, après la mort du vieil empereur, n'a pu régner que trois mois en 1888, parce qu'il avait un cancer. S'il n'était pas mort si tôt, son fils ne serait peut-être pas devenu, aussi jeune, l'empereur Guillaume II.

Cela dit, il est vain de se demander ce que serait devenu l'Empire avec Frédéric III. Grâce à sa femme anglaise, Victoria, la fille aînée de la reine d'Angleterre, il était plus libéral et anglophile. Il n'agissait pas comme son propre père, exclusivement adossé au principe conservateur et monarchique. Il n'était pas non plus réceptif aux discours nationalistes, comme son fils, le futur Guillaume II, lui-même très influencé par son grand-père. On peut dire, de manière anachronique, que le style de gouvernement de Guillaume II rappelle un peu celui de Donald Trump qui réagit avec ses émotions et parle de l'honneur national bafoué – qui est aussi le sien propre.

AW : Je ne pense pas que les espoirs placés en Frédéric III soient réalistes. Cette croyance est née du besoin d'une « autre option historique » largement répandu après 1945.

Bien sûr, on aimerait pouvoir raconter une Allemagne rêvée où tout serait devenu libéral et parlementaire, une société réformiste, influencée par le modèle anglais. Cela tient à l'appréciation personnelle qu'on porte sur les hommes politiques et leur champ d'action possible. On peut aussi facilement surestimer le rôle négatif de Guillaume II qui a déclenché le malheur avec sa *Weltpolitik* et ses faiblesses. Mais je n'y crois guère.

Durant la période postérieure à 1919, les historiens allemands ont beaucoup travaillé sur les véritables raisons de la défaite dans la Première Guerre mondiale. Comment expliquer que cet Empire allemand si rayonnant ait pu perdre la guerre ? Pour tout le monde, il était clair, comme l'a dit rétrospectivement Gerhard Ritter, qu'il fallait désormais se consacrer à la recherche sur Bismarck et sur les causes de la guerre. Dans les travaux sur Bismarck, Guillaume II a servi de repoussoir. On pourrait couvrir des murs entiers des déclarations d'historiens allemands critiquant Guillaume II, le traitant d'irrationnel, de faiblard incapable d'assurer ses fonctions, etc. Bien entendu, Guillaume II est plutôt un personnage funeste pour l'histoire allemande. Mais ses détracteurs ont pour ainsi dire personnalisé les faiblesses structurelles de l'Empire allemand sans les étudier pour autant. Si on se penche sur cette histoire complexe de l'Empire, la thèse selon laquelle Frédéric III aurait pu infléchir le cours de l'histoire ne tient plus.

HMD : Évidemment, cela, on ne peut pas le savoir.

AW : Le jugement dépend de la marge de manœuvre et de la capacité d'influence qu'on attribue à l'individu dans la société moderne de masse.

HMD : Il est pourtant incontestable qu'après avoir renvoyé Bismarck en 1890, Guillaume II a démonté presque systématiquement toute la politique d'alliances que celui-ci avait construite. Étape par étape, il a réussi à saper la base de la politique d'isolement de la France menée par Bismarck en affirmant avec ostentation que l'honneur prussien et allemand avait été offensé. Il a poussé les choses au point qu'en 1904 les Anglais et les Français, traditionnellement ennemis, se sont rapprochés pour signer l'Entente cordiale.

La France avait un peu plus tôt conclu un traité d'amitié avec la Russie – dont on se souvient grâce au magnifique pont Alexandre III à Paris et aux emprunts russes auxquels d'innombrables foyers français ont souscrit ; ils ont ensuite perdu toutes leurs économies à cause de la Révolution russe. Les voisins de l'Allemagne ont conclu des traités et des pactes d'assistance jusqu'à ce qu'advienne exactement ce que Bismarck avait voulu éviter : l'Empire allemand s'est senti encerclé d'ennemis qui n'avaient pas vraiment prévu cette situation mais ont dû se liguer contre ce trublion.

AW : C'est naturellement un virage dramatique. On peut ajouter la convention anglo-russe de 1907. Pendant des siècles, la Grande-Bretagne et la Russie avaient été comme la Grande-Bretagne et la France des adversaires stratégiques et cette fois-ci, elles se retrouvent dans la Triple Entente. C'est sûrement l'une des conséquences de la *Weltpolitik* allemande incarnée par Guillaume II, je ne le contesterai pas. Mais est-ce sa personne qui a été déterminante dans cette politique ou bien n'en a-t-il été que le truchement ?

N'oublions pas qu'à cette époque l'industrie, qui connaît une phase incroyable d'expansion, a intérêt à exporter et, en même temps, est fortement marquée par la pensée impérialiste. Les libéraux allemands n'ont pas eu de mal non plus à se laisser tenter par un impérialisme libéral. Friedrich Naumann a défendu cette théorie, et il n'est pas le seul. À l'extrême droite, il faut aussi mentionner les pangermanistes, dont la notoriété se développe beaucoup dans les années 1880. Leur influence reste limitée, mais ils sont organisés et réclament que l'Allemagne fasse valoir autrement son influence à travers le monde. Au fond, ce *Deutsches Reich* est devenu au fil du temps un chaudron de sorcières chauffé par des aspirations expansionnistes.

HMD : S'il est erroné de croire que seule la personne de Guillaume II est responsable de la situation, sa cour comptait de nombreux partisans de la *Flottenpolitik*, la politique de développement de la flotte, et les pangermanistes y trouvaient aussi des soutiens.

AW : En effet, mais ce qui, à mon sens, a été le plus grand problème de l'Empire, c'est la relation entre le pouvoir militaire et le pouvoir civil. En cela, l'Allemagne se distingue de la France et de la Grande-Bretagne. En Allemagne, l'emprise des militaires sur le gouvernement était nettement supérieure à celle des démocraties occidentales.

La constitution élaborée par Bismarck réservait résolument le commandement de l'armée à l'empereur qui était en même temps roi de Prusse. Les affaires de l'armée impériale se décidaient donc au niveau prussien. Ce commandement a pu se déployer en dehors de tout mécanisme de contrôle parlementaire, le *Reichstag* étant tenu hors des décisions. C'est pourquoi le pouvoir militaire de l'Empire allemand pouvait agir de manière plus autonome qu'en France.

Un seul exemple : qui ont été les héros de la guerre pendant la Première Guerre mondiale ? En France, bien sûr, le Maréchal Foch, mais surtout le président du Conseil, Georges Clemenceau, qui l'a ensuite, du reste, remis à sa place. Parmi les buts de guerre français se sont ajoutées à un certain moment d'anciennes revendications comme la restitution de la frontière du Rhin, parce que Foch et les militaires français les réclamaient pour des raisons de sécurité. Cela a déclenché un douloureux conflit entre Clemenceau et Foch qui s'est terminé par la phrase du premier au second : « Les affaires militaires sont ton domaine, mais maintenant c'est le tour des hommes politiques, c'est-à-dire du pouvoir civil, et ta place n'est pas là. »

En Grande-Bretagne, le héros de la guerre a d'abord été le Premier ministre David Lloyd George, un preux parlementaire qui avait mené le conflit à son terme. Et en Allemagne, qui étaient-ils ? Les chefs militaires, Paul von Hindenburg et Erich Ludendorff. On peut en partie comparer Hindenburg à Philippe Pétain. Des héros militaires de cette catégorie, il y en avait aussi en France, mais ils étaient d'une certaine façon encadrés par le pouvoir civil qui reposait sur une légitimité parlementaire. En Allemagne, cela manquait complètement.

HMD : Donc c'est une erreur de construction…

AW : Oui, cette théorie a déjà été défendue par l'historien Arthur Rosenberg : le *Deutsches Reich* a souffert d'un vice congénital qui perdure dans la constitution. Ces schémas de vices congénitaux sont toujours problématiques parce qu'ils impliquent une fatalité par un caractère inéluctable. Mais il est vrai que l'Empire a conservé les traits d'un absolutisme tardif lorsqu'il s'agissait des affaires militaires. Si l'on examine la genèse de la Première Guerre mondiale, on constate que cette peur de l'encerclement a contribué, comme tu l'as dit, à la mise en place d'une prophétie auto-réalisatrice.

C'est l'autonomie de la pensée militaire qui a mené à l'élaboration de ce qu'on a appelé le plan Schlieffen. Désigné par le nom du Chef de l'état-major prussien, il proposait un outil militaire capable de faire face à cette guerre réputée inévitable qui aurait lieu sur deux fronts. En 1907, soit après la tentative de casser l'Entente cordiale, on est parti de l'idée que l'encerclement était une réalité : il fallait vivre avec cela, ou plutôt le briser militairement. Les alternatives politiques qui misaient sur la réconciliation ont été reléguées au second plan. En juillet 1914, à cause de ce dogme, les militaires dirigés par le jeune Moltke étaient impatients de déclencher la guerre.

HMD : Preuve en est le compte rendu de la situation par le Chef de l'état-major Helmuth von Moltke repris dans une note rédigée par le secrétaire d'État aux Affaires étrangères, Gottlieb von Jagow, au printemps 1914 :

> Maintenant, nous sommes, selon lui, à peu près au même niveau qu'eux [nos ennemis]. Il n'y a pas d'autre solution que de mener une guerre préventive pour battre l'adversaire tant que nous sommes encore en mesure de gagner la bataille[20].

AW : Le projet de guerre préventive était très présent durant toute la durée du *Reich*. Bismarck le pensait déjà, lui qui avait compris lors de la crise *Krieg-in-Sicht* (« Crise guerre en vue ») de 1875 qu'une guerre préventive contre la France entraînerait l'intervention des autres puissances européennes. Il en avait tiré les leçons lors de la dictée de Kissingen que tu as évoquée tout à l'heure. Le climat a ensuite durablement changé à cause de la soif impérialiste qui dominait dans l'Empire. L'impression que le temps travaillait contre les Allemands, qui se voyaient menacés de manquer le train de l'histoire, a dominé de larges franges des élites allemandes, et en particulier les élites militaires. Et d'une certaine façon cette préparation mentale a fait que, lors de la crise de juillet 1914, la machine militaire allemande a pu se mettre en marche sans heurt, dans sa funeste logique.

Le déclenchement du véritable conflit qui opposait l'Autriche-Hongrie à la Serbie a entraîné une détérioration des relations politico-militaires entre l'Allemagne et la Russie. Logiquement, les Allemands ont déclaré la guerre à la Russie et se sont tout de suite tournés vers l'ouest en attaquant la France. L'Allemagne déclare donc la guerre à la France parce que le plan Schlieffen prévoyait de vaincre le voisin occidental d'abord et de l'obliger à signer une « paix carthaginoise » au bout de six semaines. Cela devait permettre de lever la pression du double front et de se tourner en toute sécurité vers l'est…

HMD : Six semaines, comme dans la guerre franco-allemande de 1870-71 qui était le modèle. C'était quand même une idée aventureuse parce qu'il était nécessaire sur le plan militaire de traverser la Belgique ou, comme Schlieffen l'aurait préféré, les Pays-Bas, qui étaient neutres – on y a finalement renoncé. L'invasion de la Belgique a cependant provoqué l'entrée en guerre des Britanniques puisque le Royaume-Uni était garant de la neutralité belge.

La logique militaire permet de comprendre l'acceptation de cette idée de guerre préventive. Plus le temps passait, plus on a dû se rendre à l'évidence : Français et Britanniques se rapprochaient, et pas seulement sur le plan militaire. C'était la conséquence d'une politique assez maladroite de l'Empire wilhelmien, et particulièrement de l'empereur, par exemple lors des crises marocaines. En 1911, l'Allemagne tente de s'approprier le Maroc, sous prétexte que les Allemands sont arrivés trop tard lors du partage de l'Afrique. En envoyant une canonnière, la SMS Panther, dans la baie d'Agadir – ce qu'on a baptisé en allemand « saut de la Panther », tandis qu'en français on parle du « coup d'Agadir » –, la flotte allemande pensait réussir à conquérir un grand territoire colonial en Afrique.

Le *Reich* connaît alors une défaite humiliante. Mais la conséquence de cette affaire est que les Français et les Britanniques, déjà soucieux de la menace que représentait l'expansion de la flotte allemande, perçoivent à nouveau l'Allemagne comme un véritable danger. L'Empire de Guillaume II apparaît agressif, et plus du tout d'une grande habileté diplomatique comme à l'époque de Bismarck. Cette fois, il semble bien décidé à agir en utilisant toute sa force militaire.

AW : L'Entente cordiale de 1904 n'était pas une alliance au sens formel du terme, ni un traité anti-allemand. Elle était plutôt, pour le dire ironiquement, un accord entre marchands de produits coloniaux. Il s'agissait, pour chacun des deux pays, de savoir comment ils allaient se partager l'Afrique. L'ouest était réservé à la France, l'Égypte et la partie orientale à la Grande-Bretagne. Peut-être qu'en partant de l'idée de Bismarck de détourner à la périphérie du continent les conflits entre Européens, il aurait été possible d'obtenir de nouveaux compromis dans les rapports franco-allemands, dans le cadre d'une politique coloniale négociée entre les puissances impériales. Au fond, une politique étrangère plus rationnelle au sens bismarckien aurait dû remplacer l'agressivité d'une Allemagne qui s'estimait lésée parce qu'arrivée trop tard sur le marché colonial et se considérait, en quelque sorte, comme une victime de l'histoire.

Il ne faudrait pas pour autant idéaliser Bismarck, cette façon de présenter les choses a déjà été largement réfutée par les chercheurs. N'oublions pas que l'impérialisme allemand a commencé dès 1884/85, avec le débarquement en Afrique du Sud-Ouest, dans cette région qui s'appellera plus tard la Namibie. Bismarck approuvait tout à fait une politique de guerre préventive, comme nous l'avons déjà dit, même s'il pensait davantage à sécuriser le *statu quo* qu'à une expansion. Durant la période wilhelmienne, on assiste à un changement de génération dans ce domaine.

HMD : Au sujet de la notion de « victime » qui a déjà été plusieurs fois employée, j'aimerais ajouter quelque chose. Je suis frappée de voir ces dernières années une amplification du discours victimaire en Allemagne. Il y a encore dans ce pays une tradition fortement ancrée d'apitoiement sur soi, selon laquelle la liberté de mouvement des « Allemands » a été constamment restreinte par des limitations imposées de l'extérieur. Cela signifie qu'ils se sentent toujours victimes de l'évolution historique. Ces ouvrages qui répondent à un besoin de se débarrasser du poids de l'histoire sont aujourd'hui des succès de librairie. Leur objectif est très clair : effacer les éléments de culpabilité de l'histoire allemande et réhabiliter l'idée de la grandeur, de la puissance allemande en disant en quelque sorte qu'elle est naturelle et a été injustement opprimée dans l'histoire.

Cette analyse est sûrement liée à la Seconde Guerre mondiale et à la culture politique allemande qui a mis, depuis

1945, l'accent sur la responsabilité et la culpabilité. Celle-ci a aussi en partie empêché que de larges pans de la population allemande aient pu exprimer les terribles expériences et les souffrances qu'ils avaient endurées. Ce penchant du discours victimaire est sans doute en rapport avec l'actuelle tendance populiste de droite. Mais il y a aussi une petite tentation révisionniste à se réjouir de ce que l'Empire wilhelmien ne soit pas plus que ses voisins (voire plutôt moins) responsable de l'éclatement de la Première Guerre mondiale.

AW : Je comprends ce que tu veux dire. Il faut tout de même faire une distinction entre ces tendances populistes qui existent sans aucun doute et la recherche en histoire qui est sérieusement menée. L'opinion publique allemande aspire à voir son fardeau historique allégé, comme tu le dis. Mais il existe aussi parmi les chercheurs une tendance à faire l'impasse sur les charges qui ont négativement pesé sur les structures de l'Empire. Pourtant, dans l'ensemble, ce discours d'auto-victimisation que tu décris est peu répandu dans le débat historique allemand.

La marche vers la Première Guerre mondiale

HMD : Attardons-nous sur la diplomatie et plus encore sur les militaires qui, forts du plan Schlieffen, avaient sous les yeux des projets précis. Ce qui me frappe toujours dans cette période, c'est l'antagonisme culturel des deux pays qui s'est cristallisé dans la controverse « *Kultur* contre civilisation ». On peut l'interpréter comme de la propagande de guerre, mais cette distanciation a existé. Des deux côtés du Rhin, des livres et des discours ont été publiés par des intellectuels, des professeurs d'université, des historiens, des écrivains, même des philosophes qui avaient travaillé avant la guerre avec des collègues du pays voisin. Ils s'étaient désormais éloignés les uns des autres et chacun défendait le point de vue délirant que son camp incarnait la « civilisation » ou la « *Kultur* », ou plus exactement que l'une était meilleure que l'autre. Chaque partie se sentait agressée par les arguments de l'autre.

Ce que je trouve particulièrement impressionnant, c'est la rapidité avec laquelle le monde de la culture allemande, les professeurs d'université, les savants, les artistes ont accepté cette théorie de la prétendue supériorité de la culture allemande. Le texte le plus connu est le manifeste de 93 savants, artistes et écrivains, dont le titre est « Appel au monde civilisé ». Cette prise de position, rendue publique juste après le début de la Première Guerre mondiale en 1914, porte sur le conflit et notamment sur la violation de la neutralité belge :

> En qualité de représentants de la science et de l'art allemands, nous, soussignés, protestons solennellement devant le monde civilisé contre les mensonges et les calomnies dont nos ennemis tentent de salir la juste et noble cause de l'Allemagne dans la terrible lutte qui nous a été imposée et qui ne menace rien de moins que notre existence [...].
>
> Il n'est pas vrai que nous avons violé criminellement la neutralité de la Belgique. Nous avons la preuve irrécusable que la France et l'Angleterre, sûres de la connivence de la Belgique, étaient résolues à violer elles-mêmes cette neutralité. De la part de notre patrie, c'eût été commettre un suicide que de ne pas prendre les devants.

AW : C'est cette idée de la légitime défense, défense au sens de prévention.

HMD : La perspective est intéressante. Il est question d'une « lutte qui ne menace rien de moins que notre existence » qui a été « imposée » à l'agresseur. Toute autre solution – autre que l'attaque de la Belgique – aurait été un suicide. Et dans la suite du texte, il s'agit de la culture :

> Il n'est pas vrai que la lutte contre ce que l'on appelle notre militarisme ne soit pas dirigée contre notre culture, comme le prétendent nos hypocrites ennemis. Sans notre militarisme, notre civilisation serait anéantie depuis longtemps. C'est pour la protéger que ce militarisme est né dans notre pays, exposé

comme nul autre à des invasions qui se sont renouvelées de siècle en siècle[21].

Dans ce cas, on ne peut pas dire que les intellectuels aient fait dans la nuance. Durant les années précédentes, le climat entre les deux pays s'était envenimé. En Allemagne s'était développée cette vision d'un *Sonderweg*, une « voie particulière allemande » fondée sur une culture originale qui pouvait ouvrir vers l'avenir sans passer par le processus de démocratisation tel que l'avaient connu les démocraties occidentales. Ainsi, un sentiment de supériorité de la *Kultur* allemande, ressentie comme profonde, s'opposait à une « civilisation » réputée superficielle, hypocrite à la manière française ou anglaise.

AW : Les « idées de 1914 » contre les idées de 1789.

HMD : Le sociologue Norbert Elias a expliqué ce phénomène, de manière très convaincante à mon avis : ce discours de supériorité et ce processus d'auto-conviction trouvent leur origine dans le sentiment d'infériorité des petits princes allemands à l'égard de la vie de cour en France. Dans l'« Appel au monde civilisé » de 1914, il est rétrospectivement assez stupéfiant de voir la rapidité avec laquelle les intellectuels ont pu produire et adhérer à ce sentiment collectif, d'être les défenseurs d'une culture allemande attaquée.

AW : D'autant que d'éminents représentants de la science allemande ont signé ce manifeste avec des arrière-pensées très différentes, tous n'étaient pas des auteurs « *völkisch* » (« ethnicistes »). Je me permets d'ajouter ceci : cet « Appel au monde civilisé » illustre aussi la bataille autour du mot « civilisation ». À partir d'un certain moment, on n'a plus parlé en Allemagne de « civilisation », comme encore en

1870-71, mais de « *Kultur* ». Pourtant la question de savoir quel serait l'avenir culturel du continent, et donc au fond aussi du monde, est demeurée conflictuelle. Par exemple, on lit dans le manifeste :

> Ceux qui s'allient aux Russes et aux Serbes, et qui ne craignent pas d'exciter des mongols et des nègres contre la race blanche, offrant ainsi au monde civilisé le spectacle le plus honteux qu'on puisse imaginer, sont certainement les derniers qui aient le droit de prétendre au rôle de défenseurs de la civilisation européenne[22].

C'est une allusion aux tirailleurs sénégalais qui formaient depuis 1854 une unité de l'armée française. La citation préfigure en quelque sorte ce qu'on appelle la « Honte noire » de 1920 – après la Première Guerre mondiale, où les Allemands ont ressenti comme une humiliation particulière le fait de voir leur territoire occupé par des contingents armés composés de soldats des colonies. Ce thème avait aussi joué un rôle en 1870-71.

HMD : En effet. Après la victoire rapide de l'Allemagne, il y avait des Africains parmi les soldats faits prisonniers en 1870 et transportés en Allemagne. Cela en a choqué plus d'un parmi les Allemands qui, à l'époque, n'avaient quasiment jamais été au contact d'hommes de couleur, à la différence des voisins de l'ouest. Cette aversion et ce rejet ont constitué le terreau du discours de la « Honte noire » lors de l'occupation de la Rhénanie après la Première Guerre mondiale.

L'opinion mondiale s'est aussi convaincue de la culpabilité allemande en raison de l'engagement émotionnel des intellectuels allemands et de leur interprétation de la guerre les conduisant à justifier des actions inacceptables pour l'autre partie. La France n'a pas été seule à voir les choses ainsi. La violation de la neutralité belge a motivé l'arrêté du 15 août 1914 qui renomma la rue de Berlin à Paris en « rue de Liège », rebaptisant dans le même temps la station de métro « Berlin » en « Liège » et la station « Allemagne » en « Jaurès ». Au passage, comme l'Autriche-Hongrie était également un agresseur aux côtés de l'Allemagne, les cafés et chocolats viennois sont devenus des chocolats et cafés liégeois. Tout en rendant hommage à la détresse des Belges, on effaçait ainsi toute présence des ennemis, jusqu'à leur nom. Très vite, ce sentiment d'une ignominie allemande n'a plus évolué. Cela explique en partie la manière dont l'Allemagne a été traitée après la Première Guerre mondiale, dans le cadre des négociations de paix. Le fameux article 231 attribuait la responsabilité de la guerre non pas à l'État allemand, mais au peuple allemand qui en était même le seul responsable. Ce n'était ni vrai ni équitable, mais compréhensible compte tenu de ces évolutions et de l'idée qu'une guerre avait été menée au nom du peuple allemand.

AW : L'article 231 du Traité de Versailles doit être analysé sur plusieurs plans. D'abord, il s'agit d'une base juridique de droit international pour exiger des réparations. Il fallait un fondement juridique pour réclamer aux perdants l'argent nécessaire à reconstruire ce qui avait été détruit, mais il y a évidemment plus que cela. Cet article est aussi un jugement moral sur les Allemands, c'est ainsi qu'ils l'ont alors ressenti. La genèse de la guerre de 1914 est bien différente de la situation de 1870. En 1914, ce sont les Allemands qui déclarent la guerre, et ce tandis que la véritable origine du conflit se trouvait, comme on l'a rappelé tout à l'heure, en Europe du Sud-Est.

À cela s'ajoute l'autonomie des militaires. L'escalade qui a conduit au déclenchement de la guerre s'est enclenchée comme un mécanisme d'horlogerie auquel s'est soumis le chancelier Theobald von Bethmann Hollweg. Il en va de même pour la décision concernant l'Angleterre. C'est une erreur fatale d'avoir cru, comme le chancelier, qu'il était encore possible de tenir les Britanniques hors des opérations militaires. Penser qu'ils ne réagiraient pas à la violation de la neutralité belge est le signe d'une méconnaissance totale du fonctionnement du système international des traités, mais aussi de la position britannique sur toute cette affaire.

C'est donc à cette autonomisation des militaires qu'il faut imputer le statut d'agresseur des Allemands. C'est pourquoi, aux yeux de l'opinion publique internationale, ils n'avaient effectivement pas en 1918 l'ombre d'une chance de désamorcer le reproche d'être les responsables de la guerre. Sans parler des histoires choquantes comme celle de la guerre sous-marine à outrance et d'autres violations similaires du droit international de la guerre qui ont joué un grand rôle à Versailles.

HMD : N'oublions pas non plus que la guerre a duré bien plus longtemps que prévu. La présence continue des troupes allemandes, et particulièrement la destruction d'une partie du Nord de la France pendant le conflit et lors du recul des unités allemandes (accompagné d'une pratique fréquente d'empoisonnement des fontaines et des puits, ce qui a causé la colère et le désespoir de la population civile lorsqu'elle rentrait chez elle), ces énormes ravages dans le Nord-Est de la

France : tout cela justifiait totalement, dans une perspective classique de responsabilités, l'exigence de réparations. Si on calcule la somme des coûts des destructions, cela devient vite très cher.

AW : Et si dans un premier temps le montant des réparations n'a volontairement pas été chiffré, c'est que la Belgique et la France voulaient d'abord évaluer les dommages. Or n'oublions pas que les Allemands en 1914 étaient presque tous convaincus de mener une guerre défensive. Le sentiment décrit dans l'« Appel au monde civilisé » – les Allemands sont en fait les victimes d'une agression étrangère – était partagé par un grand nombre de personnes, il est resté très vivace même après 1918. C'est une dissonance tout à fait étrange ; elle est bien sûr liée à ce traumatisme de l'encerclement – on a aussi parlé d'« auto-exclusion du cercle ».

La politique allemande mais également la planification stratégique des militaires ont beaucoup contribué à la réalisation de cette « auto-exclusion du cercle ». Je veux parler de la mécanique du système d'alliances – l'Entente cordiale, l'alliance défensive franco-russe d'une part, et la Duplice entre l'Allemagne et l'Autriche-Hongrie d'autre part – qui s'est mis en place compte tenu de l'évolution des événements. La politique allemande était quant à elle sous la pression des militaires. Ils affirmaient avoir la possibilité de vaincre la France parce qu'elle n'avait pas tout à fait eu le temps de s'armer. Pour l'écraser en six semaines, il fallait attaquer au plus vite. Face à cette pression, le monde politique allemand a été disposé à faire ce que Bethmann Hollweg a appelé le *Sprung ins Dunkle*, le saut dans le noir. Il a donc signé un chèque en blanc à l'Autriche et cela a entraîné la chaîne des réactions – comme prévu.

Donc, pour finir, je ne suis pas d'accord avec la thèse de Lloyd George selon laquelle les puissances européennes ont toutes d'une manière ou d'une autre « glissé » dans la guerre. De même, je ne sais que penser du titre du livre de Christopher Clark, *Les Somnambules*. En Allemagne en tout cas, les militaires savaient assez exactement ce dans quoi ils s'engageaient. Le « risque calculé » a déterminé la politique allemande durant la crise de juillet, mais s'est révélé à la fin totalement incalculable.

Dans la situation qu'on vient de décrire, il va de soi que les adversaires de la guerre ne pouvaient pas parler de « guerre défensive » et les Allemands n'avaient aucune chance de pouvoir convaincre du contraire. Pourtant, cette guerre a été perçue comme une guerre défensive et c'est là que réside en partie la dissonance cognitive, le problème psychologique des Allemands qui leur a causé tant de mal, ne serait-ce qu'à accepter la paix de Versailles. Ils avaient déjà douté de la réalité de la défaite en tant que telle et cela a évidemment empoisonné les relations franco-allemandes au plus haut point.

HMD : Deux éléments doivent être soulignés ; d'abord, on savait que la France partait à la guerre avec des idées de revanche. Les simples soldats sont allés se battre pour récupérer l'Alsace-Lorraine et ce revanchisme français était un élément que les analyses faites à Berlin sur la situation d'ensemble avaient intégré. Ainsi, on a pu, après la guerre, reconstruire la logique des événements.

Le second élément très important qu'il faut toujours rappeler dans les relations franco-allemandes, c'est que les opérations militaires – en dehors de la Belgique et du Luxembourg – ont exclusivement eu lieu sur le sol français et non sur le sol allemand. La perception du conflit était donc radicalement différente en France et en Allemagne. Voilà pourquoi deux interprétations funestes ont pu se répandre facilement en Allemagne : ce mensonge durable de la honte de Versailles et la trop douteusement célèbre « légende du coup de poignard dans le dos » élaborée par les milieux conservateurs, dont notamment son inventeur, le maréchal von Hindenburg, le héros de la bataille de Tannenberg.

AW : Hindenburg, mais aussi Ludendorff!

HMD : Ils pouvaient tous les deux prétendre que l'armée allemande avait reçu un coup de poignard perfide dans le dos de la part des ennemis de l'intérieur (à savoir les sociaux-démocrates, les Juifs et les bolchéviques) qui avaient proclamé la République et qui avaient montré leurs dispositions à négocier un armistice tandis que, sur le champ de bataille, l'armée allemande était sur le point de gagner la guerre. Les militaires allemands, si proches d'une *Siegfrieden*, une paix victorieuse, auraient été pour ainsi dire poignardés sournoisement par le front intérieur, comme Siegfried l'est par le traître Hagen dans *La Chanson des Nibelungen*. Les militaires se débarrassent de la responsabilité de la guerre sur les civils, présentés comme des traîtres.

Comme on n'entendait en Allemagne que très indirectement parler de la réalité des combats, et comme en même temps la population allemande avait aussi beaucoup souffert de faim et de dénuement, les légendes pouvaient facilement se développer. Il était d'autant plus aisé de corriger par l'imagination les images de la guerre qu'elle n'avait pas été vécue sur son propre sol. Et je pense que la sévérité toute particulière du traité de Versailles vient aussi du traumatisme que la guerre avait fait endurer, notamment en France.

AW : Toute cette histoire montre à quel point les perceptions d'une même situation peuvent diverger et devenir incompatibles. La guerre mondiale n'a pas été si différente en France et en Allemagne, mais sa perception en est si diamétralement opposée dans les deux pays que, personnellement, j'ai du mal à imaginer autre chose pour la période d'après 1918. Si on adopte un instant la perspective allemande, les événements des années 1917-1918 ont été sur les plans de la psychologie collective et individuelle difficiles à digérer. Jusqu'en mars 1918, l'Allemagne semblait avoir réalisé ses buts de guerre par sa victoire sur la Russie et en concluant le traité de Brest-Litovsk à l'est. Une Ukraine indépendante voit le jour et les contours d'une sphère d'influence allemande à l'est de l'Europe commencent à se dessiner. Sur le front oriental, la paix victorieuse est réalisée et les chaînes de l'encerclement ont sauté.

HMD : Lors des offensives allemandes du printemps 1918 en France, les troupes allemandes ont d'abord commencé à gagner du terrain. Pour beaucoup, la victoire semblait effectivement à portée de main, d'autant que la *Oberste Heeresleitung* (OHL, le Grand Quartier Général allemand) avait manipulé l'opinion publique en diffusant des communiqués de guerre qui ne faisaient pas état de l'extrême précarité de la situation depuis l'entrée en guerre des Américains en 1917. Les dirigeants politiques ainsi que les députés du *Reichstag* étaient eux aussi peu informés. Les membres du gouvernement et les chefs de partis ont été surpris d'apprendre en août 1918 que Ludendorff avait l'intention de changer de cap du jour au lendemain.

Le quartier-maître général Ludendorff avait en effet décidé qu'il fallait d'abord parlementariser et donc démocratiser le

Reich – des évolutions auxquelles les milieux conservateurs et la *OHL* s'étaient toujours opposés. Puis, et cela est encore plus important, il pensait que de cette nouvelle situation allait sortir plus ou moins rapidement une offre d'armistice. Pourtant, jusque-là, l'objectif avait été la paix victorieuse, coûte que coûte. Ces retournements intempestifs ont sûrement été difficiles à comprendre.

AW : À l'inverse, l'année 1917 est pour la France l'*annus horribilis* de la guerre. À plusieurs reprises, il y a des mutineries dans l'armée française, qu'on comprend si on pense à l'offensive française du Chemin des Dames d'avril 1917. Là, très souvent, des unités d'infanterie sont envoyées à la mort, les unes après les autres, pour gagner quelques centaines de mètres de terrain qui sont peu après de nouveau perdus. En réaction à cette catastrophe et pour calmer l'armée française, on a remplacé le commandant en chef des armées Robert Nivelle par Philippe Pétain.

Compte tenu de ces évolutions, les Allemands avaient toutes les raisons de penser que la victoire était proche. Ils occultaient complètement que la guerre était perdue sur le plan stratégique, au plus tard depuis que les Américains étaient entrés en guerre. Forte de sa supériorité de matériel et d'hommes, l'Entente voyait le vent de la victoire tourner de son côté.

La sortie de la guerre et de nouveau Versailles – cette fois en 1919

HMD : Après la Première Guerre mondiale, la réflexion sur la guerre et son issue n'a pu dans un premier temps avoir lieu que de manière très contrastée en France et en Allemagne. D'un côté, il y avait ceux qui avaient été déclarés vainqueurs, de l'autre ceux qui se jugeaient injustement qualifiés de vaincus. Au lendemain de la guerre, il a donc été plus facile en France de donner un sens à toute cette tragédie. On y a plus rapidement été capable de justifier la mort prématurée de ces innombrables jeunes gens de 18, 20 ou 25 ans et d'accepter, bien que douloureusement, l'idée qu'ils n'étaient pas tombés pour rien. C'est ainsi qu'est né le mythe d'une guerre qui avait demandé des sacrifices mais avait aussi permis le rétablissement de la paix dans la République.

En France, on a pu imaginer un avenir pour la nation. Les souffrances de la guerre ont été intégrées dans la culture républicaine française. S'en souvenir collectivement est devenu un symbole de l'unité nationale et de l'ordre républicain. La Grande Guerre a au bout du compte renforcé la cohésion sociale par le rapprochement entre des forces jusque-là opposées, comme le catholicisme modéré et le républicanisme laïc. En Allemagne, la situation était différente.

AW : Les combats n'avaient pas eu lieu sur le sol allemand, ce qui donnait aux civils une perception plus lointaine de la guerre. Cela les rendait aussi plus perméables à la propagande prétendant que l'armée allemande n'avait en réalité pas été défaite.

HMD : Au regard de la défaite, si les civils allemands avaient aussi perdu un père, un mari, un frère, un fils, ces morts sont apparues comme inutiles. Les Allemands ont eu du mal à imaginer, à partir de là, une évolution porteuse d'un avenir constructif. La fin de la guerre a immédiatement révélé ce hiatus entre les deux pays. En France, on a établi très vite des rituels d'hommage aux victimes, aux soldats morts pour la patrie, aux anciens combattants qui ont été organisés par des associations et soutenus avec bienveillance par l'État. En Allemagne, le passé est resté douloureux, à plus forte raison parce que le passage de la guerre à la vie civile en temps de paix – un processus que l'on désigne dans l'historiographie française par le terme « sortie de guerre » au sens d'une culture de démobilisation – a eu lieu dans un contexte de révolution et de violence.

Les deux expériences divergent profondément : le retour à la paix se passe en France relativement sans heurt – le retour à la République se fait dans la continuité – tandis que le chaos règne en Allemagne. Dans ce pays vaincu, la sortie de guerre est plutôt refoulée par le succès des théories de trahison et de coup de poignard dans le dos. C'est aussi la genèse du traité de Versailles qui figera un peu plus ces différences.

AW : Ce déséquilibre est également dû à des raisons matérielles : en France, la démobilisation de l'armée est maîtrisée et progressive. En Allemagne, en revanche, elle est imposée par l'armistice et échappe à tout contrôle. On peut facilement imaginer à quel point ces millions de soldats rendus à la vie civile ont complexifié une situation intérieure déjà difficile.

La condition des soldats allemands qui reviennent du front est épouvantable. À la différence des Français, ils n'ont pratiquement aucun moyen de donner un sens à la guerre mondiale et ses victimes. Du strict point de vue militaire, ils avaient beau s'être battus héroïquement, la défaite ne produisait qu'un lieu de mémoire négatif. Les millions de vies sacrifiées l'avaient été inutilement, il n'y a pas de vrai support dans la culture mémorielle des Allemands.

C'est pourquoi l'histoire de la République de Weimar peut aussi être lue comme l'expression d'un conflit militant de générations. En face des générations nées au XIXe siècle, dont les millions de soldats du front, il y avait ce qu'on appelle la génération des jeunes gens, nés au tournant du siècle, qui n'avaient pas participé à la guerre, mais avaient été socialisés à l'arrière – le *Heimatfront*. Le conflit est particulièrement violent, il est lié aux structures démographiques, mais s'y rajoute aussi un affrontement politique de générations qui n'a pas eu lieu en France. Certes, il y a également eu là des sources de contestation, mais les plus jeunes ne pouvaient rien reprocher à la génération qui, avec un grand sens du sacrifice, avait combattu pendant la guerre pour défendre la grandeur et l'honneur de la patrie.

Le soldat allemand qui revient du front, lui, a perdu son honneur : ses efforts n'ont été récompensés que par la défaite. La jeune génération a voulu y remédier. En ce sens, la légende du coup de poignard dans le dos a aussi été un moyen de sauver idéologiquement, d'une certaine façon, l'honneur de l'armée allemande. Toutefois, elle a contribué à la division de la nation, voire l'a aggravée. La fin de la guerre a été pour la France, au contraire, un accélérateur d'intégration.

HMD : Ce motif de l'honneur perdu se retrouve également dans la relation entre les deux pays. Il était déjà apparu après la guerre de 70 et cette fois, il se présente inversé. Après les Français en 1870, c'est maintenant au tour des Allemands d'assumer cette défaite insupportable. L'honneur perdu est sans doute l'un des sentiments les plus puissants durant la République de Weimar : la honte de la fin de la guerre, si souvent évoquée, a été imputée à la République par les antirépublicains, des groupements *völkisch* jusqu'au NSDAP. Les circonstances et les conditions dans lesquelles s'est terminée la guerre a renforcé cette impression. L'armistice de Compiègne a été signé près du village de Rethondes…

AW : Dans une petite clairière…

HMD : Dans une petite clairière, dans un wagon ferroviaire, les Allemands ne l'ont pas oublié quelques années plus tard.

AW : C'était le wagon du maréchal Foch.

HMD : Exactement, et les Allemands y ont signé un document qui sert de point de départ à la légende du coup de poignard dans le dos et de prélude au « Diktat de Versailles ». Et qu'a fait Hitler en 1940 ? Après sa victoire-éclair en France, il a fait sortir précisément ce wagon du musée et l'a réinstallé à Compiègne, de sorte que l'armée française y a signé l'accord de l'armistice. Nous avons déjà parlé des ripostes symboliques – on voit là combien ces moments sont liés à l'honneur perdu, à la honte et à l'humiliation. Ce mécanisme émotionnel a formidablement fonctionné au début de la République de Weimar, particulièrement cette fameuse légende d'une trahison des civils qui permettait de dédouaner les militaires.

Elle contient toute une série de termes qui désignent l'ignoble comme, par exemple, l'expression de « criminels de novembre », souvent reprise dans l'entre-deux-guerres par les partis réactionnaires pour fustiger les forces qui ont fait la révolution de novembre 1918, conduisant au renversement de la monarchie et à la proclamation de la République allemande, le 9 novembre 1918, par le social-démocrate Philipp Scheidemann à Berlin. Ce n'est pas sans rappeler la lutte contre ceux que Bismarck appelait les « *vaterlandslose Gesellen* », les compagnons sans patrie, c'est-à-dire les socialistes internationalistes qu'il a fait persécuter entre 1878 et 1890. Derrière ces mots se cache donc l'histoire de la relation allemande au mouvement ouvrier dont les représentants ont été continuellement dénoncés comme de mauvais patriotes, des traîtres à la patrie. La photographie du président de la République Friedrich Ebert en maillot de bain, qui a paru plus tard sur la couverture d'une revue, avait pour but de ridiculiser et déshonorer ce responsable du SPD considéré comme illégitime, et avec lui toute la République.

L'humiliation était une arme dans les luttes politiques intérieures comme extérieures que se sont livrées des adversaires intraitables. La mise en scène de la Conférence de la Paix à Versailles en 1919 a aussi été la réponse française à l'expérience dégradante de 1871. Le traité de Versailles du 28 juin 1919 a été signé exactement dans la même salle que la proclamation de l'Empire en 1871 – ainsi, l'honneur français était rétabli.

AW : Le choix de la date du 18 janvier pour inaugurer la Conférence de la Paix en 1919 relève des mêmes mécanismes :

c'est le jour de la fondation du *Reich* à Versailles en 1871. Toute cette histoire de galerie des Glaces et de wagon de chemin de fer est extrêmement symbolique. Je voudrais rajouter une chose au sujet de l'honneur : la Première Guerre mondiale est une expérience qui rend définitivement impossible la vision de la guerre comme un acte héroïque. Cela vaut du reste pour la Grande-Bretagne qui, lors des batailles de la Somme, a perdu plus de 20 000 hommes, autant que durant toute la guerre des Boers (1899-1902). Dans l'Angleterre victorienne, la guerre avait encore quelque chose de romantique, surtout si la probabilité de mourir était minime. Certains pensaient aussi que la guerre était un processus purificateur qui permettait une régénération.

Tous ces idéaux s'effondrent évidemment au moment de la guerre de position sur le front occidental. L'écrivain Walter Flex a dépeint une scène dans son roman autobiographique dans laquelle le narrateur (qui parle à la première personne), ami de Ernst qui est tombé au front, apporte à la mère l'avis de décès de son fils. La mère accueille la nouvelle avec calme et demande : « Ernst a-t-il, avant de mourir, participé à un assaut ? » Et lorsque Flex répond par l'affirmative : « Alors elle ferma les yeux et, assise sur sa chaise, elle s'adossa : "C'était son grand désir", dit-elle lentement, comme si, dans sa douleur, elle était heureuse que se fût réalisé ce dont l'accomplissement l'avait si longtemps angoissée. »

Cet épisode illustre à quel point, dans cette guerre, on a tenté de se raccrocher à toute action un tant soit peu héroïque, tout en restant à l'affût de toutes les possibilités de sauver l'honneur – peu importe si l'histoire de Flex est vraie ou fausse. Le « je » du narrateur reconnaît que le véritable enchaînement des faits est secondaire, mais que la mère veut croire dans ce cas à la mort héroïque de son fils. En comparaison, la situation du soldat français était moralement plus exaltante – pour chaque *poilu* tombé, lors d'un assaut ou en toute autre occasion, on pouvait réclamer ce statut de « mort au champ d'honneur ». On pouvait donc, d'une certaine manière, faire de toutes les histoires des récits héroïques. Cela a fait largement défaut en Allemagne et a considérablement différencié les cultures politiques allemande et française.

HMD : Dans les archives françaises, il y a un joli document que j'ai retrouvé aussi dans les papiers de mon grand-père. Il a été lui-même un poilu et a passé toute la guerre au front. À peine âgé de 18 ans, il était parti se battre avec pour but, comme on disait, de « reprendre l'Alsace-Lorraine ». À la fin de la guerre, le maréchal Pétain, qui, pendant la Première Guerre mondiale – comme Hindenburg –, était encore un personnage positif avant de collaborer plus tard avec les nazis, avait envoyé un message aux soldats. Il leur écrivait qu'il savait les immenses sacrifices que chacun d'entre eux avait faits et combien ils avaient souffert : « L'histoire célèbrera la ténacité et la fière énergie déployées pendant ces quatre années par notre Patrie, qui devait vaincre pour ne pas mourir. » Mais alors qu'ils allaient occuper une partie de l'Allemagne, « vous ne répondrez pas aux crimes commis par des violences qui pourraient vous sembler légitimes dans l'excès de vos ressentiments [...], vous en imposerez encore par la dignité de votre attitude, et le monde ne saura ce qu'il doit le plus admirer, de votre tenue dans le succès ou de votre héroïsme dans les combats ». Très clairement, les officiers voulaient éviter que les soldats ne commettent des actes de vengeance lors de l'occupation de l'Allemagne, et pour les en empêcher, ils faisaient appel à leur sens de l'honneur.

Ce motif de l'honneur peut peut-être sembler un peu étrange aujourd'hui, mais à cette époque, les deux camps partageaient cette valeur. À côté de la patrie, l'honneur était une valeur pour laquelle on était prêt à mourir. Selon ce code, on ne peut que mourir avec honneur ou survivre de manière exemplaire. Pétain souligne dans ce texte – et c'est intéressant – que les Français devaient renoncer à tout acte destiné à venger ce que leurs amis ou eux-mêmes avaient enduré. Au contraire, ils devaient traiter les vaincus de manière exemplaire. Cela correspond tout à fait à la tradition militaire. Les Français ne devaient donc pas se venger, mais vu du côté allemand…

AW : … les choses étaient complètement différentes.

HMD : Vu d'Allemagne, Versailles était une vengeance des Français et une *Gewaltfrieden*, une paix imposée par la violence, qui n'a pas permis aux Allemands d'exercer leur droit à l'autodétermination. Pourtant, lors des négociations de paix, le président américain Woodrow Wilson avait plaidé pour que ce droit soit normalement accordé aux Allemands. Pour autant, un rattachement de l'Autriche à l'Allemagne a été interdit.

AW : Ce qu'on appelle la paix de Wilson fait partie des illusions allemandes, le concept n'a en fait jamais existé sous cette forme. Il n'empêche que les Allemands espéraient encore en 1919 revenir au *statu quo ante*. C'était une pure chimère, d'autant que ce droit des peuples à disposer d'eux-mêmes ne figure nulle part, comme principe général, dans les fameux 14 points de Wilson. Et surtout, la France et la Grande-Bretagne avaient des projets très différents de ceux du président américain. Ce droit ne joue un rôle ni dans les buts de guerre, ni dans les plans de paix des Français et des Britanniques, il faut vraiment le souligner.

En tout état de cause, les Britanniques et les Français s'étaient déjà mis d'accord pendant la Première Guerre mondiale sur le partage du Proche et du Moyen-Orient avec les accords Sykes-Picot de 1916. C'est pourquoi il existe aujourd'hui ces frontières artificielles qui traversent des territoires chiites et sunnites, en Irak par exemple. De même, on a pour ainsi dire créé le problème kurde en ne donnant pas aux Kurdes la possibilité de fonder leur propre État après la chute de l'Empire ottoman.

Le droit des peuples à disposer d'eux-mêmes n'a nullement été un principe des puissances victorieuses, mais l'idée est apparue, au moins esquissée, sous la plume des Américains, et tout particulièrement de Wilson. Les Allemands, quant à eux, ont bien cherché à s'y référer, mais dans une méconnaissance totale de la réalité.

HMD : Par ailleurs, la mise en scène de la réception de la délégation allemande à Versailles n'était pour le moins pas faite pour apaiser le désir de vengeance.

AW : C'est certain. En Allemagne, le gouvernement avait pendant longtemps pensé être associé aux négociations de paix à Versailles, ce qui a été refusé à la délégation allemande. Elle a donc été mise devant le fait accompli, ne serait-ce que parce que les puissances victorieuses étaient soucieuses de ne pas se perdre dans leurs querelles internes. On craignait qu'en cas de véritables négociations, les Allemands parviennent à diviser les pays de l'Entente.

Or les points de vue de la Grande-Bretagne et de la France divergeaient quant à l'attitude à adopter vis-à-vis de l'Allemagne. Dans le traité de Versailles et dans les traités de paix signés dans les environs de Paris (Sèvres, Saint-Germain, Trianon), on constate par exemple que, pour la France, Foch avait réclamé la rive gauche du Rhin afin d'en faire une zone tampon et d'éviter ainsi, définitivement, toute nouvelle invasion allemande. On assiste bien à une ré-inversion de la situation de 1870-71.

Georges Clemenceau aspirait en outre à une internationalisation de la région de la Ruhr afin de garantir à la France aussi un accès égal, voire privilégié, au charbon. C'était à l'époque encore la condition nécessaire pour avoir le statut de grande puissance. Les Britanniques et les Américains se sont opposés à cette disposition parce qu'ils craignaient un déplacement de l'équilibre des forces sur le continent. Le résultat en a donc été le traité de Versailles qui ne correspondait que très partiellement aux souhaits français.

HMD : Absolument. Le traité de Versailles n'a pas été particulièrement satisfaisant pour les Français, contrairement à ce que pensent les Allemands aujourd'hui encore, peut-être. En France, malgré la paix de Versailles, on a souffert d'un fort déficit sécuritaire, justement parce que les objectifs n'avaient pas été atteints.

AW : Pour compenser ce sentiment, les États-Unis et la Grande-Bretagne ont accordé à la France une garantie de sécurité : les deux pays s'engageaient à protéger la frontière française contre une éventuelle agression allemande. Mais, comme on sait, Wilson perd les élections et le traité de Versailles, comme tous les traités annexes, n'est pas ratifié par les États-Unis. En conséquence, la Grande-Bretagne ne se sent plus liée par cet accord et, du point de vue français, ce système de paix n'est plus acceptable. C'est ce qui a d'ailleurs posé les bases de ce qu'on a appelé la « politique d'exécution » de la France, déterminée à exiger un respect à la lettre du traité par l'Allemagne.

Cette situation entraîne du reste la stratégie de défense dont nous venons de parler. Elle se renforce après 1918 car l'Empire reste un État national dont la structure de grande puissance est maintenue. Le poids démographique et économique de l'Allemagne est supérieur à celui de la France, qui était très attentive à cette différence. Donc, la paix de Versailles n'a été ni une paix douce, ni une paix carthaginoise qui aurait empêché l'Allemagne de se redresser.

HMD : Les perceptions sont une fois encore complètement différentes en France et en Allemagne. Le discours allemand ne cesse d'évoquer les pertes territoriales. Presque tous les textes allemands tournent autour de l'amputation d'une grande partie du territoire à l'est avec la création du corridor de Dantzig. Le cœur historique de la Prusse autour de Königsberg se trouve désormais complètement isolé à l'est et l'Allemagne doit renoncer à un sixième de son territoire et à la population qui y vivait. En outre, le pays est dans une large mesure désarmé et sans défense, au moins à moyen terme.

Les Français, eux, avaient plutôt l'impression que la puissance du *Reich* s'était renforcée. En effet, les territoires perdus avaient déjà été délaissés par une partie de la population lors de l'industrialisation. L'Allemagne gardait en revanche la partie occidentale du pays, extrêmement dynamique, constituée essentiellement des régions industrielles. C'est pourquoi le besoin de sécurité français est resté fort malgré les pertes allemandes à l'est et il ne pouvait être apaisé que par le paiement de réparations ou l'occupation de la Ruhr et de la Rhénanie. La France tenait à une application impérative du traité de Versailles pour contraindre l'Allemagne à payer des réparations.

AW : Bien sûr, dans un tel contexte, les Français ne voulaient ni ne pouvaient tolérer comme voisin immédiat une Grande Allemagne, selon le mot tristement célèbre de « Reich de 70 millions d'habitants » qui se serait formé si l'Autriche avait été rattachée à l'Allemagne après la révolution de 1848. L'architecture sécuritaire française n'était pas compatible avec le principe d'autodétermination des peuples, ce dilemme a globalement marqué la période de l'entre-deux-guerres.

HMD : Pour le président Poincaré, deux choses primaient : la sécurité et le charbon. Le sujet avait déjà été abordé durant la guerre de 70 et dans le cadre de la « politique d'exécution » que nous venons d'évoquer. Si l'Allemagne ne payait pas les sommes, phénoménales pour les Allemands, des réparations, c'était un non-respect du traité de Versailles.

AW : Telle est aussi la raison pour laquelle la France a revendiqué le bassin de la Sarre qui devint un État indépendant sous tutelle française : il y avait quelques gisements de charbon mais ils n'étaient déjà plus très compétitifs. Un autre cas intéressant : en 1921 a eu lieu en Haute-Silésie un référendum pour savoir si la région devait revenir à la Pologne ou à l'Allemagne. À cette époque, une partie était industrialisée avec un bassin minier, et l'autre l'était moins. Contrairement aux résultats du scrutin, la partie industrialisée a été majoritairement attribuée à la Pologne. Cela aussi, les Allemands l'ont ressenti comme une extrême injustice.

Dans l'ensemble, c'est en fait presque un miracle, mais aussi une leçon d'histoire, qu'après ces années d'hostilité exacerbée pendant la guerre et les années 1919-1925 se soit produit un nouveau renversement dans la relation franco-allemande. Tout à coup, le durcissement de l'inimitié et de la haine semble prendre fin. Cette brève phase de réconciliation entre 1924 et 1929 est tout de même remarquable. Elle montre que tout n'est pas gravé définitivement dans le marbre. L'histoire est en mouvement et ouvre de nouvelles perspectives.

D'abord, c'est la propagande nationaliste contre l'occupation de la Rhénanie qui domine après la signature du traité de Versailles.

HMD : Une propagande incroyable qui a donné lieu à des délires hystériques : 50 000 soldats français d'origine africaine déployés en Allemagne…

AW : … qui n'avaient rien d'autre en tête que de violer les femmes allemandes.

HMD : Pourtant, si je ne m'abuse, l'armée française comptait bien 180 000 soldats issus d'Afrique noire pendant la Première Guerre mondiale, mais les 5 000 soldats noirs qui ont été envoyés pour occuper l'Allemagne ont été très vite retirés, parce que les Français pensaient qu'il était difficile de justifier leur présence à l'égard de la population.

AW : Notamment aussi à l'égard du public britannique. L'occupation d'un territoire allemand par des troupes africaines a également été fermement condamnée lors d'un débat à la Chambre des Communes en Grande-Bretagne.

HMD : Les soldats africains ont été retirés, mais l'image est restée en Allemagne qu'en plus d'accepter une défaite difficilement supportable, il fallait endurer d'être occupés par des individus qu'on considérait alors comme inférieurs. Dans les relations compliquées de la période de l'entre-deux-guerres, ces questions ont laissé des traces, tant dans la décennie qui a suivi que dans l'Allemagne nazie.

AW : Cela concerne aussi bien les élites allemandes que les partis socialistes qui, avant 1914, étaient largement pacifistes et ne voulaient pas la guerre.

Entre deux guerres – hostilité et tentatives de rapprochement

HMD : Dans la décennie qui a précédé la Grande Guerre, des représentants du mouvement ouvrier allemand du SPD ont régulièrement rencontré la section française de l'Internationale ouvrière (SFIO) à l'occasion des congrès. Wilhelm et Karl Liebknecht, par exemple, ont conversé avec Jules Guesde ou Édouard Vaillant et d'autres socialistes français. Ces contacts ont sans doute été dominés par des stéréotypes – les uns étaient jugés trop brouillons, les autres trop bien organisés –, mais ils ont bien fonctionné jusqu'à la guerre. Du fait de la Première Guerre mondiale, les liens des socialistes et des sociaux-démocrates ont été rompus et la pensée pacifiste s'est évanouie. Pourtant, elle avait constitué jusque-là la base d'échanges dépassant les frontières et les avait liés dans un même effort pour empêcher le pire. Les hommes politiques de gauche n'avaient plus qu'à se reprocher mutuellement d'avoir voté les crédits de guerre…

AW : Le SPD avait commencé dès le 4 août 1914. Après 1918, l'atmosphère entre les sociaux-démocrates et les socialistes français a d'abord été glaciale. Elle s'est détendue petit à petit, mais on voit là à quel point cette expérience de l'hostilité a été radicale. Dans presque tous les milieux politiques, la perception s'est concentrée à l'époque, des deux côtés, sur tout ce qui pouvait différencier l'ennemi de soi-même.

Pourtant, les historiens ont progressivement mis en lumière les points communs qui les réunissaient. Depuis l'ouverture des archives de cette époque dans les années 1960-1970, on a assisté à un regain d'intérêt pour la Première Guerre mondiale et les recherches se sont souvent portées sur l'histoire sociale et sur l'histoire vécue. Entre-temps, la question de la responsabilité de la guerre n'était plus aussi centrale, ce qui a alors permis de montrer que cette guerre avait en fait été une expérience commune à tous les Européens. Dans les tranchées, qu'elles aient été françaises ou allemandes, les soldats ont vécu une expérience très similaire. Il suffit de comparer les deux plus célèbres romans *À l'Ouest, rien de nouveau* (*Im Westen nichts Neues*) de l'Allemand Erich Maria Remarque, paru en 1929, et *Le Feu* du Français Henri Barbusse (1916) : on est confronté au même quotidien. Ce vécu commun a été thématisé dès après 1918 mais il a été complètement éclipsé par les polémiques nationalistes.

HMD : Durant la période de Weimar, l'attitude défensive de la partie française à l'égard des Allemands s'est maintenue, d'autant que la résistance massive de ces derniers a fracassé tous les projets français d'une « politique d'exécution ». La France a encore tenté d'obtenir d'une manière ou d'une autre des réparations dont le montant avait été intégré dans le budget français et qui étaient indispensables pour la reconstruction. Mais cette tentative a échoué.

AW : Bien qu'elle ait finalement été abandonnée, cette résistance passive a été très importante ; elle a en effet coûté beaucoup d'argent à la France et à la Belgique. Pire, la

Grande-Bretagne s'est désolidarisée de l'entreprise de l'occupation de la Ruhr. L'antagonisme entre Paris et Londres continue de se creuser en 1922, la période qui précède l'occupation de la Ruhr le montre déjà. On ne peut pas comprendre le problème des réparations si on ne pense pas en même temps aux dettes interalliées.

HMD : Tu évoques les dettes que la France et la Grande-Bretagne ont contractées à l'égard des États-Unis pour financer l'effort de guerre.

AW : Pour la France, il était clair que le remboursement de ces dettes ne devait en aucun cas peser sur la population française mais qu'elles devaient exclusivement être payées par les réparations allemandes. En 1922, non seulement les réparations font largement défaut, mais la Grande-Bretagne trouve un accord avec les États-Unis sur le règlement de ses propres dettes issues de la guerre. Londres a agi sans prendre contact auparavant avec son allié le plus important, la France.

HMD : Les Français sont furieux. D'abord, la garantie anglo-américaine pour la sécurité française a disparu, et voici que les Anglais prennent leurs distances par rapport au front commun formé, vis-à-vis des États-Unis, pour les dettes interalliées. Les Français comprennent alors que la Grande-Bretagne et les États-Unis se rapprochent ; ils se sentent de plus en plus esseulés sur le continent, face à une Allemagne qui leur était potentiellement dangereuse et agressive.

AW : En outre, Poincaré était un partisan convaincu de la ligne dure. En 1923, il fait savoir que la France doit prendre possession de gages productifs et occuper la Ruhr afin de garantir l'accès direct au charbon allemand. Sécurité et charbon, c'est ainsi que l'historien français Jacques Bariéty a résumé la position française et, au fond, ces deux facteurs étaient bel et bien ce qui motivait les Français. Dès la fin de l'année 1923, les Britanniques sont intervenus au niveau de la politique financière, ainsi que les Américains, pour exiger qu'une solution soit trouvée. C'est ainsi que l'occupation de la Ruhr a pris fin.

Elle s'est doublée de ce que l'historien américain Stephen A. Schuker a appelé « *The End of French Predominance* », la fin de l'hégémonie française sur le continent, qui semblait résulter du système des traités. L'intervention des Anglo-Américains pour faire cesser l'occupation de la Ruhr est un tournant qui illustre la façon dont la constellation des forces et la structure du système international ont poussé la France dans une position défensive. Elle va y rester jusqu'en 1940, alors même que l'Allemagne n'est pas un État armé.

HMD : Avec les déconvenues qu'a connues la France en matière de règlement financier de la guerre, cette attitude défensive était donc fondée, indépendamment du danger objectif qu'aurait ou non représenté l'Allemagne. D'un autre côté, cette période de Weimar se caractérise aussi par de sincères tentatives de rapprochement bilatéral. On apprend cela à l'école et on le rappelle constamment, même si nous parlons aujourd'hui surtout de la réconciliation et de la politique de rapprochement qui ont eu lieu après la Seconde Guerre mondiale. En toute logique, après la Première Guerre mondiale, ce sont les pacifistes qui, les premiers, ont cherché des contacts. Ils avaient l'expérience des congrès d'avant la guerre : à Berne en 1913 et à Bâle en 1914, deux conférences, soutenues par la fondation Carnegie pour la paix internationale, avaient été consacrées au rapprochement franco-allemand.

AW : Avec un succès très mitigé.

HMD : Certes. Mais il faut rappeler que de telles initiatives ont existé – et ce dans un environnement hostile. Après la guerre, le philosophe catholique et homme politique Marc Sangnier organise en 1923 une rencontre à Fribourg-en-Brisgau qui réunit 130 Français et 200 Allemands.

Les membres français de ces cercles pacifistes ont condamné la politique de sévérité de Poincaré lors de l'occupation de la Ruhr. Comme l'ont montré Sophie Lorrain et Nicolas Beaupré, cet épisode marque une inflexion dans les relations franco-allemandes : avant cette date, les pacifistes français avaient exigé que les Allemands reconnaissent leur responsabilité dans le déclenchement de la guerre de 1914, comme préalable à la réintégration des délégués allemands dans les congrès internationaux. À partir de 1923, leur perception se porte sur l'injustice faite à l'autre partie.

En fin de compte, nous avons rétrospectivement l'impression que, dans cette période jalonnée de conflits, les efforts de réconciliation avec l'autre ne sont pas l'œuvre de quelques personnalités isolées, mais de groupes entiers, sûrement animés de motivations idéalistes et morales. Cela dit, il était par ailleurs évident qu'ils agissaient dans l'intérêt des deux parties. Les représentants économiques, entre autres, étaient convaincus du caractère destructeur des guerres qui mettaient à mal la prospérité d'un pays. L'idée d'une réconciliation franco-allemande durable est portée durant cette période aussi bien par des intellectuels que par des milieux économiques.

AW : Les raisons de cette volonté de rapprochement entre les deux pays sont tant culturelles et économiques que politiques. La plupart croyaient à l'époque à des intérêts européens communs, notamment ceux qui étaient proches du mouvement paneuropéen de Robert Coudenhove-Kalergi. Hugo Stinnes, grand capitaine d'industrie, le dit ainsi :

> La clé de la situation politique en Europe réside dans la relation entre la France et l'Allemagne. La France va maintenant retrouver l'Alsace-Lorraine et ainsi l'industrie lorraine de l'acier et du fer qui a été construite par les Allemands. Mais l'acquisition de cette région va en même temps lier d'importants intérêts français et allemands [...].
>
> Nous allons peut-être au-devant de temps difficiles, ils n'en sont pas pour autant désespérés car les relations entre l'Allemagne et la France nous imposent une réconciliation.

Sa démarche est donc pragmatique. D'autres étaient plus idéalistes, comme le romaniste Ernst Robert Curtius et des écrivains tels Paul Claudel, André Gide ou peut-être même le député Pierre Viénot. Le catholicisme réformateur a également amorcé un échange entre les deux pays et les socialistes se sont rapprochés. Beaucoup ont tenté à l'époque de surmonter l'impasse de 1918-1919 et leurs efforts ont été couronnés d'un certain succès.

HMD : Sur Stinnes, il faut signaler qu'il exagère lorsqu'il dit que l'industrie lorraine aurait été construite par les Allemands. La famille de Wendel y avait commencé ses activités juste après 1700 ! Il a une vision bien partiale. Mais concédons-lui la bonne volonté de vouloir établir de bonnes relations avec les Français après 1918. En particulier, il faut noter que certains représentants des milieux économiques ont promu des contacts entre intellectuels. Le plus connu est le comité Mayrisch, le Comité franco-allemand d'information et de documentation, qui s'est formé en 1926 autour de l'industriel Émile Mayrisch du groupe ARBED au Luxembourg. Les intellectuels se sont réunis régulièrement dans le château des Mayrisch.

Évidemment, ceux qui tenaient à un rapprochement exerçaient des professions libérales ou faisaient partie de l'élite intellectuelle et économique, administrative ; les artisans étaient moins intéressés. Les gens diplômés, les professeurs de lycée et d'université étaient surreprésentés. C'est la particularité de ces tentatives de réconciliation de l'entre-deux-guerres. Cet élitisme prononcé trouvait son origine soit dans l'évidence d'un habitus commun, soit parce que l'idée n'avait pas encore fait son chemin que les efforts de rapprochement devaient aussi être portés par la grande masse de la population. Limiter les contacts aux intellectuels et aux universitaires a été une erreur qu'on n'a pas reproduite après 1945.

Du côté allemand, il faut citer l'universitaire Ernst Robert Curtius, un professeur de romanistique à Bonn qui était né en Alsace durant la période allemande, en 1886. Pendant trente années, il a entretenu une correspondance avec l'écrivain André Gide qu'il retrouvait à l'abbaye de Pontigny en Bourgogne, ainsi qu'Aline Mayrisch ou Heinrich Mann. C'est là la toile de fond des bonnes relations politiques entre les ministres des Affaires étrangères Aristide Briand et Gustav Stresemann.

Certes, les écrits d'Ernst Robert Curtius sur la France sont, si on les lit avec notre regard actuel, remplis de stéréotypes, et un peu romantiques. C'était l'époque où on parlait de l'« âme » d'un peuple et de l'influence du climat sur la langue et les mœurs. On lit sans cesse sous la plume d'Allemands bien intentionnés à l'égard de la France l'idée qu'ils ont affaire à des épicuriens avertis. Cela rappelle le livre de Friedrich Sieburg dont la personnalité est un peu trouble. Il était correspondant à Paris pour la *Frankfurter Zeitung* (*Gazette de Francfort*).

AW : Il était le pape de la connaissance de la France en Allemagne.

HMD : En 1929, il a publié son livre le plus connu, *Gott in Frankreich – ein Versuch*, traduit en français en 1930 sous le titre *Dieu est-il Français ?* Y figure cette admiration passionnée pour la France où on vit beaucoup mieux qu'ailleurs et où on a davantage de manières. En même temps, Friedrich Sieburg estime que la France est incapable de lier une amitié durable avec une autre grande nation. Il regrette qu'elle soit hypersensible et instable et déplore qu'elle se mette toujours en avant pour prendre la direction du moindre mouvement politique ou culturel qui se présente. Dans ce texte émerge sans cesse l'image d'une France immuable, qui ne parviendra jamais à changer, contrairement à l'Allemagne alors très dynamique et ouverte aux influences étrangères. Mais chez de tels admirateurs de la France, qui sont en même temps très critiques, l'espoir demeure que les choses changent. Comme l'écrit Sieburg :

> Parce que chaque regard sur la France accroît en nous l'espérance, ou du moins le désir, de voir ce pays entreprendre en même temps que nous, et avec nous, le grand voyage vers l'avenir, – Pour son bonheur et pour le nôtre.

Ce livre de 1929 a été réédité 75 fois. Le nombre d'Allemands qui ont lu cet essai est impressionnant.

AW : Il y avait à cette époque un autre expert remarquable sur la France, moins connu que Friedrich Sieburg : l'essayiste Paul Distelbarth. Il a écrit un ouvrage qui est devenu un classique et mérite toujours d'être lu aujourd'hui, intitulé *Lebendiges Frankreich* (*La France vivante*). Il faut rappeler pourquoi Distelbarth a dû refuser une offre de séjour en France alors qu'il aurait bien aimé y aller. Après l'arrivée d'Hitler au pouvoir en 1933, le chef du département des Affaires étrangères du NSDAP, Joachim von Ribbentrop, qui deviendra plus tard ministre des Affaires étrangères du Reich, cherchait un correspondant pour la France. Il souhaitait consolider les fonctions qu'il exerçait à l'intérieur du parti tout en marginalisant l'influence du *Auswärtiges Amt*, le ministère des Affaires étrangères. Il voulait un correspondant pour la France parce qu'il voulait renforcer les relations des nationaux-socialistes avec les milieux de droite des anciens combattants. Un certain nombre d'associations de vétérans français était tout à fait intéressé par une réconciliation avec les vétérans allemands de la Première Guerre mondiale et Ribbentrop avait besoin de quelqu'un qui était en mesure d'entretenir ces contacts dans le sens nazi.

Il jette son dévolu sur Paul Distelbarth qui a écrit dans ses mémoires, parues après 1945, que les anciens combattants étaient visés parce qu'ils souhaitaient eux aussi un rapprochement avec les nationaux-socialistes pour préserver la paix. Quand Ribbentrop lui demande s'il pense qu'une entente est possible, Distelbarth répond par l'affirmative à condition de convaincre les Français « par des gestes concrets de la sincérité de notre amour de la paix ». Alors Ribbentrop, laissant tomber son masque, poursuit en disant avec mépris que le peuple voisin est « négrifié » et que le gouvernement nazi a l'intention de réarmer sans tenir compte des pertes, pour être en mesure de « conclure des alliances ». Ensuite seulement, on sera disposé « à s'entendre avec les Français ». Si cette évolution ne leur convient pas, ils n'ont qu'à commencer la guerre eux-mêmes.

> Qu'est-ce que cela peut nous faire, continua-t-il, de sacrifier deux millions de jeunes gens auxquels nous n'avons de toute façon pas de travail à proposer ? Et si les Français ne perdent qu'un million d'hommes, vu leur faible taux de natalité nous serons toujours gagnants !

HMD : Cet argument est incroyablement cynique. Je comprends que Distelbarth n'ait pas voulu coopérer avec Ribbentrop et devenir son correspondant pour la France.

AW : Cette fonction a été occupée par Otto Abetz, le futur ambassadeur de l'Allemagne national-socialiste dans le Paris occupé et co-organisateur de la déportation des Juifs. L'historien français Serge Klarsfeld a décrit cette déportation dans son célèbre livre *Vichy-Auschwitz* (1983). Cet exemple montre bien l'ambiguïté de cette francophilie allemande et la manière dont elle pouvait être retournée. Otto Abetz, qui a été plus tard inculpé et qui a bien été un vrai coupable, aurait probablement, à une autre époque, été fêté comme l'un des architectes du rapprochement franco-allemand. De même, si Distelbarth n'avait pas pris la décision de refuser le poste, il aurait très bien pu être entraîné lui aussi dans le sillage du régime nazi, comme l'a été Friedrich Sieburg. Le désir de rapprochement avec la France a connu des colorations politiques diverses et a joué, selon les personnes, un rôle bien différent.

HMD : Il est également intéressant de relever qu'au sommet de la réconciliation franco-allemande pendant l'entre-deux-guerres, la méfiance n'avait pas complètement disparu lorsque Briand et Stresemann se sont rencontrés à Locarno en 1925. Cet élément est peut-être davantage connu des historiens que du grand public. Mais au fond, Briand et Stresemann à Locarno n'ont pas défendu la même position. Ils pensaient certes aller dans le même sens, mais ils défendaient en réalité deux analyses et deux positions distinctes. Les espoirs qui sont nés des négociations à Locarno n'ont en conséquence pas été les mêmes dans les deux pays.

Côté français, Briand avait, en se rapprochant de Stresemann, accordé le maximum de ce qu'il pouvait concéder à l'Allemagne, contre ses adversaires politiques. Locarno devait mettre un terme aux querelles bilatérales sur les projets d'avenir. Il était conçu de ce fait comme la dernière pierre d'un processus de réconciliation : l'Allemagne devenait membre à part entière de la Société des Nations et revenait dans le concert des nations, sur un pied d'égalité.

Ce qui était très important pour la partie française, c'était l'inviolabilité des frontières occidentales de l'Allemagne, c'est-à-dire celles qui la séparaient de la France et de la Belgique. Elles devaient être conjointement garanties par la Grande-Bretagne et l'Italie. Une fois de plus, ressort cette question de la sécurité sur la frontière franco-allemande. Avec l'accord de Locarno, les deux parties renonçaient à envahir le territoire du voisin. C'était pour la France un acquis majeur : la sécurité de la frontière occidentale de l'Allemagne, et donc orientale de la France, reposait sur un accord réciproque.

AW : Ce qu'on n'avait pas obtenu par le traité de Versailles, on l'espérait désormais de Locarno : la garantie de la frontière orientale française.

HMD : Cette inquiétude permanente de la France était d'ailleurs bien compréhensible. Et comme, à Locarno, Stresemann s'était manifestement bien entendu avec Briand, tout semblait parfait, vu du côté français. Néanmoins, il semble bien que l'accord ait été perçu autrement par les Allemands : il marquait pour eux non pas la fin d'un processus, mais le début.

AW : Le début d'une politique de révision des frontières qui devait d'ailleurs s'appliquer aussi à l'est de l'Europe. Certes, le fameux « Locarno de l'Est », la reconnaissance des frontières orientales de l'Allemagne sur la base du traité de Versailles, n'a en fait pas existé. Stresemann, complexe et ambivalent, n'en voulait pas non plus. Mais il est sûr en tout cas que Locarno devait être, selon les Allemands, le fondement d'une politique de révision des frontières qui aurait pu aller jusqu'à rendre possible le rattachement de l'Autriche à l'Allemagne.

HMD : De toute façon, les forces conservatrices allemandes se sont opposées à Locarno et ce traité n'a pu être ratifié qu'avec le soutien de l'opposition social-démocrate.

AW : Locarno est encore un exemple caractéristique de l'interprétation différente d'un même événement dans les deux pays. Tout dépend essentiellement de la perception. Je ne suis pas un défenseur des catégories comme le « tragique » en histoire car ces termes cachent plus qu'ils n'expliquent, mais c'est tout de même d'une certaine façon regrettable de voir de quelle façon la relation franco-allemande, en l'espace d'un temps très bref, s'est de nouveau dégradée – en raison aussi, bien sûr, de la crise économique mondiale. Cela s'explique en partie parce que Raymond Poincaré était vraiment partisan de la ligne dure à l'égard de l'Allemagne et réprouvait cette politique de réconciliation.

HMD : Il faut dire que Locarno a été facilité par le fait qu'entre 1924 et 1926, c'est le cartel des gauches qui gouverne en France, une coalition de plusieurs partis de gauche autour du Parti radical, un parti républicain de gauche soutenu par les socialistes français. Cette constellation politique a rendu possible le rapprochement avec l'Allemagne.

AW : Et voici qu'en 1926, un changement de gouvernement a lieu après de nombreuses tensions politiques intérieures. Poincaré devient alors président du Conseil et réussit à stabiliser le franc. Cela met brutalement un terme à un scénario possible : le rapprochement franco-allemand aurait pu permettre à l'Allemagne, à ce moment-là, de consentir un prêt à la France grâce aux liquidités dont elle disposait par les crédits américains. Ces sommes auraient pu en quelque sorte être des avances dans le paiement des réparations. Mais Poincaré a refusé cette solution et est parvenu à stabiliser le franc : le prêt allemand n'était plus nécessaire.

En échange de cet argent, l'Allemagne espérait une libération anticipée de la Rhénanie, elle aurait ainsi retrouvé sa souveraineté plus tôt que ce que prévoyait le traité de Versailles. Rien de tout cela ne s'est passé alors. Il a fallu attendre trois ans de plus, ce sont les conditions du plan Young de 1929 qui ont permis cette sorte de marché.

HMD : Le plan Young marque en effet un tournant important. Il prévoyait une réduction substantielle des réparations et un règlement à long terme. Les Allemands devaient payer des annuités déterminées jusqu'en 1988. En échange, les Français libéraient la Rhénanie quelques années plus tôt que prévu dans le traité de Versailles.

AW : Et pourtant le plan Young n'a satisfait personne durant la République de Weimar. La droite l'a quasiment ressenti comme une trahison. Le remboursement des réparations devait s'étaler sur près de 60 ans et cette durée paraissait outrageusement longue – beaucoup ont d'emblée refusé. Puis la crise économique mondiale est arrivée et, avec la nomination du chancelier Heinrich Brüning, l'Allemagne est passée à un régime présidentiel. La politique de Brüning était fondamentalement anti-française, notamment sur la question des réparations. Pendant son mandat, entre 1930 et 1932, les événements se sont déchaînés et la politique de rapprochement a très vite été envoyée aux oubliettes.

HMD : Cet épisode montre donc qu'on peut recevoir le prix Nobel de la paix sans pour autant réussir à construire quelque chose de durable.

AW : Certes, et Briand et Stresemann ne sont pas les seuls, il suffit de regarder l'actualité récente…

HMD : Après le plan Young, comme après le moratoire Hoover en 1931, on a eu l'impression en Allemagne qu'on avait gagné la bataille des réparations et réussi à éviter tout paiement… Cela a incontestablement ouvert la voie à l'argumentation d'Hitler qui dénonçait la transformation du peuple allemand en un laquais au service de ce qu'il appelait la triple internationale, l'internationale « noir-rouge-or » : l'Internationale noire, celle des « curetons », la rouge, la communiste, et pour finir l'or, celle des banquiers et donc des Juifs. C'est l'un des exemples du jeu malheureusement très habile d'Hitler qui manipule des symboles et des interprétations pour parler d'une situation internationale beaucoup plus compliquée que ce que suggéraient ses discours provocateurs et simplificateurs.

AW : Brüning a bien sûr interprété les événements à sa manière et les a décrits très précisément dans ses mémoires : il s'agissait pour lui de se débarrasser des réparations et il avait subordonné sa politique intérieure à cet objectif. Il a ainsi instrumentalisé la crise économique mondiale et ses conséquences sociales en Allemagne pour se libérer des réparations. Certes, Brüning apparaît aujourd'hui comme un gestionnaire de crise qui a été précipité d'un événement à l'autre. On ne peut vraiment pas dire qu'il ait agi selon un programme bien mûri à l'avance. En revanche, il est certain que sa politique étrangère a été menée en fonction de ce but, éviter de payer les réparations.

HMD : En fin de compte, il voulait apporter la preuve concrète à la France, mais surtout aux puissances anglo-saxonnes, que l'Allemagne était tout simplement incapable de payer les réparations parce que cela risquait d'appauvrir et de radicaliser le peuple allemand. Il y avait des députés du NSDAP au Reichstag depuis que le parti nazi avait obtenu 18 % des voix aux élections en septembre 1930 – Brüning tenait un argument clé pour montrer qu'il était très dangereux et peu réaliste de s'obstiner à réclamer des réparations aux Allemands. Le moratoire Hoover de 1931, du nom du président américain qui proposait une pause d'un an, a été une réaction à la crise bancaire allemande et la situation assez chaotique du pays.

AW : Pour Brüning, c'est un premier « succès » et en 1932, après sa chute, les réparations ont été effectivement gelées sous le gouvernement de Franz von Papen alors qu'il n'y avait contribué en rien. La conférence de Lausanne, qui a pris cette décision, a été fatale à la relation franco-allemande. On a tout de même eu l'impression que l'Allemagne, certes secouée par la crise économique mondiale et confrontée à des bouleversements politiques intérieurs difficiles, avait retrouvé une nouvelle force de négociation. Ainsi, le plan Young qui venait tout juste d'entrer en vigueur a été balayé et le dossier des réparations définitivement clos. Cela illustre combien s'était transformé le système international à l'avantage des Allemands, avec des Français désormais incapables de réagir et de protéger leurs intérêts.

HMD : La France a essuyé plusieurs revers, par exemple dans la Sarre. Après la Première Guerre mondiale, le bassin de la Sarre était l'une des régions situées à la frontière franco-allemande que la France considérait comme un butin potentiel. Elle pouvait servir de zone tampon permettant d'avoir accès au charbon et en même temps d'assurer plus de sécurité vis-à-vis des Allemands. Le territoire a d'abord été placé sous le mandat de la Société des Nations, tandis que les Français obtenaient la propriété des mines de charbon. Pendant 15 ans, la France a mené sur place une politique de présence culturelle active pour attacher les Sarrois à la France. Un programme de mesures économiques ciblées devait faciliter une intégration ultérieure de la région à la France quand les Sarrois devraient se décider. Parmi ces mesures, on peut évoquer l'introduction du franc sarrois qui a été la monnaie officielle en Sarre entre 1921 et 1935.

Pourtant, lors du plébiscite de 1935 sur l'appartenance de la région, 90 % des électeurs se sont prononcés pour un « retour dans le Reich », et donc pour Hitler : la propagande des nationaux-socialistes sur place avait été très efficace. Après le retrait de l'Allemagne de la SDN en octobre 1933, les

Français ont compris qu'on n'arriverait pas à stopper Hitler – même s'ils ne pensaient pas encore à l'époque à une nouvelle guerre. Aurait-on pu l'arrêter dans son ascension ?

AW : Il me semble que si on s'engage dans ce genre de question, le meilleur moment était en 1936.

HMD : Lors de la remilitarisation de la Rhénanie ?

AW : Exactement, mais l'histoire est longue. Il faut souligner que, à la différence de beaucoup d'autres, les dirigeants français n'ont pas du tout sous-estimé Hitler après sa prise de pouvoir. Au contraire, ils se sont tout de suite employés à mener une nouvelle politique pour tenir en échec l'État national-socialiste. On peut citer par exemple le « front de Stresa » de 1935, un accord qui réunit la Grande-Bretagne et l'Italie au moment où Hitler réintroduit le service militaire obligatoire en Allemagne, ce qui était une violation du traité de Versailles. La France noue aussi des liens avec l'Union soviétique dès la présidence du Conseil de Pierre Laval. En 1935 est ainsi signé un traité d'alliance défensive franco-soviétique. La dernière fois qu'avait été conclu un accord de ce genre, c'était en 1914. Ce rapprochement de la France avec les Bolchéviques avait vraiment une signification forte dans la mesure où leurs systèmes politiques représentaient des idéologies et des formes de société antagonistes.

HMD : Cette alliance était évidemment dirigée contre l'Allemagne d'Hitler qui avait un comportement agressif.

AW : En février 1936, Hitler prend comme prétexte la ratification du pacte d'assistance franco-soviétique pour stationner unilatéralement en Rhénanie des troupes de l'armée allemande, la *Reichswehr*. Les troupes françaises avaient été retirées en avance dans le cadre du plan Young ; selon le traité de Versailles et les accords de Locarno, la région aurait dû rester durablement démilitarisée. Or, Hitler donne l'ordre à la *Reichswehr* d'entrer en Rhénanie. Les raisons en étaient aussi stratégiques car la Rhénanie offrait une base de départ bien meilleure pour mener à l'avenir une guerre contre la France. Cela n'a pas échappé aux Français qui auraient eu là un motif pour mobiliser en jouant sur la menace et, le cas échéant, attaquer l'Allemagne militairement.

HMD : Mais la France était alors occupée par d'autres sujets de politique intérieure.

AW : Hitler s'est en effet montré rusé : il avait précisément choisi la date du 7 mars 1936 – c'était un samedi et une des dernières semaines du gouvernement Albert Sarraut. Les élections de mai étaient imminentes et il se dessinait déjà une majorité pour le Front populaire. Hitler savait qu'il avait affaire à un gouvernement en sursis. Un gouvernement dans cette situation est-il en mesure de réagir fermement ?

HMD : Hitler a dit *a posteriori* que les 48 heures qui ont suivi l'entrée de ses troupes en Rhénanie ont été pour lui l'une des périodes les plus excitantes de sa vie. Si les Français étaient entrés en Rhénanie, les Allemands auraient dû retirer leurs soldats sous les invectives des autres pays car les forces dont ils disposaient n'auraient jamais suffi à résister, même un peu.

AW : En l'occurrence, c'est exact. La *Reichswehr* n'était à l'époque pas en capacité à répondre à une riposte française. Les généraux allemands avaient prévenu Hitler qu'ils condamnaient cette entreprise. Son offensive en Rhénanie a donc été un coup de poker qui a réussi, parce que la France ne s'est pas défendue. Il y a eu à Paris une réunion organisée en urgence par le gouvernement dans laquelle on a décidé d'une première mobilisation, mais – et c'est décisif – la France ne voulait pas riposter sans le soutien de la Grande-Bretagne et lorsque le gouvernement français s'est adressé à elle…

HMD : Le gouvernement britannique a refusé…

AW : Il a refusé son appui à la France, même si les actions d'Hitler étaient une violation du traité de Versailles et du pacte de Locarno. La Grande-Bretagne arguait que la Rhénanie était un territoire allemand et que l'occupation d'un territoire allemand par des troupes allemandes ne pouvait pas être une raison de déclencher la guerre. Elle prenait déjà la direction de la politique d'apaisement qu'elle a poursuivie ensuite, en particulier en 1938.

HMD : La Société des Nations a protesté en 1936, mais l'Allemagne avait déjà quitté cette organisation depuis près de trois ans, en octobre 1933.

AW : Il y a eu une protestation assez molle de la SDN qui n'a été suivie d'aucune action militaire ni de menace. Au lieu de cela, les troupes françaises se sont retranchées derrière la ligne Maginot et ont adopté une position défensive. On peut émettre beaucoup d'hypothèses, mais le prestige politique intérieur d'Hitler s'est fortement accru, surtout auprès des généraux, du fait d'avoir pris un risque pareil et d'avoir réussi. C'était un gros coup et s'il avait échoué, les choses auraient sans doute évolué autrement. Premièrement, la position intérieure d'Hitler aurait été affaiblie : cela n'aurait pas entraîné la fin de son régime, mais lui aurait causé des difficultés. Deuxièmement, sur le plan de la politique étrangère, il aurait perdu de sa crédibilité internationale. Mais tout cela ne s'est pas produit. Des historiens se sont demandé si cet épisode avait été la meilleure chance de bloquer Hitler de l'extérieur. Je suis tenté de répondre par l'affirmative, ce qui toutefois ne doit pas suggérer que les Français seraient responsables de la poursuite de l'ascension d'Hitler. Car il est bien évident que ce sont les agressions de l'Allemagne hitlérienne qui ont fait chanceler le système international.

HMD : Les démocraties occidentales – parce que leurs opinions étaient tellement attachées à la paix et que dans les démocraties on est attentif aux opinions – n'ont pas fait front quand elles l'auraient pu. La situation était similaire en 1938 avec les accords de Munich, cette fois-ci sur la question des Allemands des Sudètes en Tchécoslovaquie. On retrouve la même constellation de base : en tant que puissance protectrice de la Tchécoslovaquie, la France s'est vue dans l'obligation d'intervenir, mais, sans le soutien britannique, elle n'était ni disposée, ni capable d'une action résolue contre Hitler. Le comportement des gouvernements de Londres et de Paris en automne 1938 n'est pas un chapitre glorieux de l'histoire. Reculer devant Hitler n'a pas vraiment été à leur honneur. Jusqu'à aujourd'hui, l'expression « se comporter en Munichois » est d'ailleurs utilisée pour condamner une attitude politique où l'on cède du terrain face à un adversaire résolu.

AW : C'est d'autant plus regrettable que la France aurait pu effectivement se défendre contre l'Allemagne en 1936, et sans doute même toute seule. Elle avait de loin l'armée la plus puissante sur le continent, et aurait pu réoccuper la Rhénanie. Cela aurait constitué une mesure radicale contre la violation du traité de Versailles et un coup majeur contre Hitler.

HMD : L'histoire du XXe siècle en aurait été modifiée.

AW : Je suis en effet convaincu que la crise de la Rhénanie était la meilleure et peut-être l'unique possibilité de stopper Hitler de l'extérieur. Mais, d'une certaine façon, cette situation de 1936 est assez typique du recul progressif de la France dans une époque de « décadence », comme l'a écrit Jean-Baptiste Duroselle pour qualifier la politique étrangère française des années 1932 à 1939. Pas à pas, la France a reculé comme le lapin devant le serpent.

HMD : Ce qui me paraît déterminant, c'est que les peuples démocrates n'étaient pas disposés à envisager une nouvelle guerre si peu de temps après la Première Guerre mondiale, tandis qu'au contraire, du côté allemand, la population y était sans doute davantage préparée, parce qu'elle demeurait enfermée dans ce paradigme. De ce point de vue, ce sont peut-être aussi des leçons pour le XXIe siècle, non pour les Allemands et les Français, mais pour de nombreux pays dans le monde. Les démocraties doivent aussi être prêtes à se défendre. C'est le pendant extérieur de la démocratie militante à l'intérieur.

AW : À ce tableau – en effet presque tragique –, il faut ajouter qu'en Allemagne aussi, la guerre était à la fin des années 1930 très impopulaire. Cela a été entre autres le résultat paradoxal des accords de Munich : le prestige d'Hitler comme « porteur de paix » s'est encore accru, alors même qu'il avait l'intention de commencer la guerre le plus tôt possible.

La Seconde Guerre mondiale : les ruptures

HMD : On en arrive ainsi à la Seconde Guerre mondiale. Tu savais qu'il y avait eu une deuxième bataille à Sedan ? Le 13 mai 1940, durant la période décisive de cette guerre-éclair de l'armée allemande contre la France. Dans son offensive à l'ouest, l'Allemagne a intelligemment contourné la ligne Maginot en attaquant par les Ardennes belges. La bataille à Sedan a permis d'arriver jusqu'à la Meuse à la mi-mai et ainsi, la voie était libre pour les Allemands jusqu'à la mer du Nord.

AW : La Seconde Guerre mondiale a été pour la France, pour l'Allemagne et pour toute l'Europe une expérience abominable. L'idéologie raciste et criminelle du régime nazi en a été la cause principale. Hitler souhaitait depuis le début une guerre d'agression et d'extermination qui a abouti à la Shoah et conduit l'Europe au bord du précipice. Face à cette agression sans précédent, l'année 1940 a été traumatisante pour les Français et je pense qu'il en reste quelque chose aujourd'hui. Comment expliquer cette rapide défaite de la France et la naissance du régime de Vichy : par des erreurs de stratégie et de tactique militaire ? Parce que l'Allemagne était tout simplement un adversaire beaucoup plus fort ? La Troisième République tardive ne présentait-elle pas déjà des phénomènes d'érosion, est-il possible que certains problèmes soient aussi venus de l'intérieur ? Je trouve que cette dernière interprétation mérite de l'attention. En revanche, les autres me paraissent trop exclusivement axées sur l'histoire militaire.

Les spécialistes d'histoire militaire ont attribué la réussite de la campagne de la Wehrmacht en 1940 à l'ingéniosité de la percée des Ardennes, etc. Certes, on peut tout à fait affirmer que les Français avaient raté l'occasion de revoir leur doctrine militaire et de la moderniser. Dans les années 1930, par exemple, De Gaulle avait demandé qu'on développe les chars d'assaut. À partir de là, l'infériorité des Français s'expliquerait en 1940 par leur assurance sur leur stratégie militaire et leur confiance démesurée dans la ligne Maginot. Mais cela ne suffit pas, à mon avis, à comprendre l'effondrement français.

Il nous faut aussi chercher des causes politiques et sociales. La Troisième République était intérieurement très divisée. De plus, la démocratie française devait affronter des opposants influents qui avaient des affinités philosophiques avec le « fascisme ». Il y avait en France un antisémitisme non négligeable et une droite extrême qui travaillait déjà à une collaboration idéologique avec les Allemands.

HMD : En France, il y a bien eu les éléments d'une idéologie fasciste.

AW : En effet, même si beaucoup le contestent. *Ni droite, ni gauche – L'idéologie fasciste en France*, un livre de l'historien Zeev Sternhell paru en 1983, a déclenché un scandale à l'époque en France. Sa réédition en 2012 a de nouveau agité les médias. Qu'on appelle cela l'idéologie fasciste comme le font certains, ou qu'on refuse le terme, la France se trouvait dans les années 1930 dans une situation de guerre civile latente. Le Front populaire de 1936, où les communistes ont soutenu le gouvernement socialiste sans y participer, avait déjà massivement polarisé. La conjonction des deux phénomènes a affaibli cette phase tardive de la Troisième République.

D'autres historiens disent que l'arrivée au pouvoir du gouvernement Édouard Daladier en 1938 a de nouveau stabilisé la situation. Cependant, je ne peux pas, et je l'ai déjà dit, considérer la capitulation éclair de la France en 1940 comme le fruit d'un pur hasard militaire comme en 1870. Il y a tout de même une certaine logique de l'histoire dans le fait que la chance militaire ne bénéficie pas toujours aux mêmes. Elle tourne une fois d'un côté, une fois de l'autre.

HMD : Une chose est très importante pour comprendre tout le XXe siècle : la défaite française, qui a été tellement rapide, a des répercussions jusqu'à aujourd'hui sur l'état d'esprit et sur l'image que les Français ont d'eux-mêmes. L'armistice de Compiègne, signé dans le wagon qu'Hitler a fait sortir du musée pour que l'humiliation française soit complète, la sévérité des clauses de l'armistice, l'occupation de 60 % du territoire français dans un premier temps et l'installation du régime de Vichy sous la direction du héros de la Première Guerre mondiale, le maréchal Pétain : voilà autant d'éléments qui ont marqué la relation des Français à eux-mêmes. Il leur a longtemps été extrêmement difficile d'assumer cette faiblesse qui est apparue à ce moment-là au grand jour. Ils se sont montrés non seulement incapables de faire face à l'ennemi, mais aussi disposés à accepter ce que le vainqueur voulait leur imposer, et qui plus est : soutenir le régime de Vichy et collaborer avec les Allemands.

AW : Mais il faut bien souligner qu'on avait affaire, avec les nazis, à la fois à un envahisseur et à un ennemi sans pardon, porté par une idéologie raciste et assassinant des civils au motif qu'ils refusaient l'ordre nouveau et, pire encore, qu'ils appartenaient à une prétendue « race inférieure ». Cela dit, je crois aussi que ces trois éléments – l'attaque allemande, l'occupation et la collaboration – ont ensemble, après coup, profondément et durablement humilié la France.

HMD : Après la Seconde Guerre mondiale, on en a continuellement voulu aux Allemands, même de manière subliminale, d'avoir montré que certains Français pouvaient eux aussi être des « salopards », au sens que Kurt Schumacher avait donné à ce terme en 1932, au Reichstag, en parlant des nazis. Pour lui, le national-socialisme était un appel permanent au salaud qui sommeille dans chaque individu. Pendant l'occupation de la France par la *Wehrmacht*, certains Français se sont révélés être de vrais salauds, plus d'ailleurs par opportunisme que par germanophilie. Mais des collaborateurs motivés par des considérations idéologiques, il y en a bien eu aussi, comme Drieu la Rochelle, Robert Brasillach ou bien encore Jacques Doriot. Cela signifiait après-guerre que les Allemands n'étaient pas les seuls à être mauvais, mais que dans leur propre pays, dans leur propre famille, certains étaient son de détestables forfaits. Et cela, même si une minorité de la population française seulement est concernée, on ne le pardonne pas aux Allemands.

AW : Après 1945, rétrospectivement, on a trouvé une issue assez confortable à cette humiliation : la mémoire héroïsante de la Résistance.

HMD : Et cela explique pourquoi la Résistance a été mythifiée. Après 1945, il est difficile pour certains Français de se regarder dans la glace parce que certains, dans la milice ou parmi les délateurs, s'étaient rendus coupables. Ils avaient facilité la tâche de l'occupant allemand ou lui avaient donné un coup de main. Au cours de la sinistre opération policière qu'a été la rafle du Vel' d'Hiv' le 16 juillet 1942 à Paris, de nombreux Juifs ont été envoyés à Drancy avant d'être déportés dans des camps de concentration et d'extermination allemands. C'est la police française qui les a arrêtés. Évidemment, c'est parce que les occupants allemands ont réussi, à Lyon comme dans d'autres villes en France, à faire participer activement la police française ou la milice à la déportation de Juifs européens, en l'occurrence de Français juifs. On a même parfois été au-delà des ordres des nazis en arrêtant et livrant des enfants. Cette forme de zèle par anticipation est en partie devenue taboue après la Seconde Guerre mondiale, au moment où beaucoup de gens se sont déclarés résistants. Je ne dis pas qu'occulter son histoire personnelle est un phénomène typiquement français. Au contraire, en Allemagne en particulier, d'anciens nazis se sont absous de toute culpabilité. Il y a eu beaucoup de petits nazis qui s'en sont sortis sans difficultés, et même certains gros nazis qui ont réussi à se fondre dans la masse anonyme. Le passage de nazi à citoyen ordinaire a été possible, y compris en RDA où l'idéologie du nouveau régime, qui disculpait *a priori* les ouvriers perçus comme des victimes des capitalistes fascistes, a permis de s'inventer une biographie d'opposant. Il n'empêche que l'occupation allemande et la collaboration restent parmi les chapitres les plus difficiles et douloureux de l'histoire de France.

AW : Il faut attendre les années 1980 et le procès de Klaus Barbie, le chef de la Gestapo de Lyon, pour que des collaborateurs notoires soient traduits en justice. Citons les exemples de l'ancien secrétaire général de la police de Paris, René Bousquet, ou de Maurice Papon, haut fonctionnaire du régime de Vichy qui est tout de même devenu une trentaine d'années plus tard ministre des Finances en France. Paul Touvier aussi, qui a été durant le régime de Vichy l'un des plus féroces persécuteurs de Juifs et qui a réussi après 1944, à de multiples reprises, à être caché par certains milieux catholiques. Du reste, je crois que Bousquet a été tué en pleine rue en 1993…

HMD : Non, quelqu'un a sonné chez lui et l'a abattu.

AW : En tout cas, les procès contre Papon et Touvier ont eu lieu et ils ont été accusés de crime contre l'humanité. Il a fallu du temps avant que ces sujets ne soient traités par la justice. Certes, il y a eu d'une part l'épuration entre 1944 et 1947, c'est-à-dire l'éviction de certains collaborateurs de l'administration, et d'autre part une justice expéditive, qu'on appelle épuration sauvage. En fait, on ne s'est pas spécialement attaqué aux collaborateurs de la haute fonction publique. Bien sûr, les hommes politiques de premier plan ont été condamnés, comme Laval, Pétain et le commissaire général aux questions juives, Xavier Vallat, mais on ne s'est pas beaucoup occupé des niveaux hiérarchiques inférieurs.

HMD : Dans les cas de Papon et de Touvier, il y a eu tout un réseau de soutiens.

AW : Au sujet de la collaboration, il ne faut bien sûr pas oublier que la persécution des Juifs et la Shoah ont été un crime systématiquement planifié et exécuté par les instances centrales du régime nazi à Berlin. Partout en Europe, la privation des droits, la déportation et l'extermination des Juifs ont suivi un schéma élaboré par les Allemands. Mais sur le terrain, ils ont compté sur la collaboration des populations occupées. Serge et Beate Klarsfeld, connus comme chasseurs de nazis, ont formulé un raccourci frappant pour désigner ce processus : « Vichy-Auschwitz ». Pour revenir à la question de la poursuite des carrières d'anciens nazis dans les structures des démocraties d'après-guerre, cela constitue un immense terrain de recherches. En Allemagne, durant les dix dernières années, ont été publiés de nombreux travaux scientifiques consacrés à la permanence du personnel dans l'administration publique entre le régime nazi et la jeune République fédérale. Les résultats montrent invariablement une grande stabilité. Et si je considère la recherche actuelle en Allemagne sur l'administration, je me demande si on ne pourrait pas faire la même chose en France. Ne devrait-on pas beaucoup plus étudier la Quatrième République (1946-1958), mais aussi la Cinquième (1958-?), à travers la bureaucratie des ministères ? Quel est le poids des continuités dans ce milieu ?

HMD : Ce travail a été amorcé. Pour ce qui est de la résistance : cela a bien sûr été une légende de dire que toute une population est composée de résistants. De Gaulle est à l'origine de l'édification de ce mythe, considérant qu'il y avait là pour la France une possibilité de sauver la face et surtout de forcer une réconciliation nationale après le conflit. Si c'est la France qui s'est libérée et qu'elle est fière de sa résistance, on peut repartir de l'avant. Par ailleurs, il ne faut pas sous-estimer l'effet de la décision allemande, en 1943, d'imposer le STO (service du travail obligatoire) aux Français : cela a sans aucun doute réellement alimenté la résistance. Le travail obligatoire a poussé les jeunes gens entre 20 et 25 ans à passer dans la clandestinité et à prendre le maquis parce qu'ils ne voulaient pas aller travailler en Allemagne. Cela a objectivement augmenté le nombre de résistants.

AW : Au fond, le régime de Vichy a été aussi une guerre civile cachée, la continuité de la dernière phase de la Troisième République. Il y a eu – on peut le dire ainsi – les gauches dont beaucoup de membres sont devenus de véritables résistants et qui n'ont pas fait de compromis avec les occupants allemands. Mais il y a eu aussi les extrêmes droites : de nombreux militants sont ensuite devenus très rapidement de vrais collaborateurs jusqu'à la douloureuse fin de Sigmaringen où les membres du gouvernement de Vichy ont trouvé, sous surveillance allemande, un dernier refuge à partir de 1944. C'étaient des forces politiques diamétralement opposées qui intérieurement combattaient l'une contre l'autre. Je citerai simplement les procès-spectacles de Riom en 1942 où on a vu les hommes politiques de la Troisième République se justifier afin que l'armée puis les hauts dirigeants de Vichy puissent se blanchir.

De ce point de vue, l'histoire de Vichy est aussi une histoire franco-française, indépendamment de l'occupation allemande, il est important de le dire. Il faut aussi ajouter que Pétain, chef de l'État français, était tout sauf impopulaire en 1940. Il avait acquis une solide réputation morale durant la Première Guerre mondiale. C'était presque audacieux de la part de De Gaulle d'aller à Londres et de lancer son fameux appel du 18 juin 1940…

HMD : « La France a perdu une bataille, mais la France n'a pas perdu la guerre », le combat doit continuer.

AW : De Gaulle s'est ainsi positionné contre la majorité écrasante des Français. Comme il a eu finalement gain de cause, il était en mesure de créer un nouveau consensus dans lequel toutes les zones grises et les contradictions politiques des années 1930 et des années de Vichy ont été abolies, voire réconciliées.

HMD : Cela fait déjà partie de l'histoire de l'après-guerre française et a permis en particulier – revenons à notre sujet des relations franco-allemandes – à la France représentée par de Gaulle en 1958 de faire un pas en direction de l'Allemagne. C'est donc déjà un processus intéressant.

AW : Peut-être encore une remarque sur le régime de Vichy : au sujet des déportations de Juifs, Laval et Pétain se sont défendus *a posteriori* en disant qu'ils avaient protégé les Juifs français, c'est-à-dire les Juifs de nationalité française, autant que possible. Mais que, pour les sauver, ils avaient été obligés de sacrifier les réfugiés apatrides ou les ressortissants d'un autre pays, et notamment les Juifs qui avaient fui l'Allemagne. Je trouve que c'est un argument moral très difficile puisqu'il s'agissait de vie ou de mort. Cette différenciation entre les « Juifs nationaux » et les « Juifs étrangers » signifiait *de facto* un choix conscient et, par faiblesse, l'acceptation à se faire les complices de la déportation.

Du reste, d'autres pays occupés par l'Allemagne nazie ne se sont pas forcément comportés avec plus de moralité. Aux Pays-Bas par exemple, les Juifs ont été tout de même livrés, bien que le sentiment général ait été fortement anti-allemand. Les choses ont été différentes au Danemark et en Norvège, où l'église luthérienne en particulier a pris des positions beaucoup plus claires en faveur des Juifs qu'en Allemagne. Quand je marche dans les rues de Paris aujourd'hui, je suis frappé par les plaques commémoratives devant chaque école qui rappellent que sous le régime de Vichy les Allemands, avec la complicité des autorités françaises…

HMD : … ont déporté un certain nombre d'enfants juifs. Ces plaques ont été apposées il y a une dizaine d'années sur toutes les écoles primaires de Paris et soulignent expressément la complicité active de la police française. Elles témoignent du changement de l'attitude officielle de la grande majorité de la population à l'égard de ce problème. Sous la présidence de Mitterrand, qui a lui-même évolué vers le socialisme en partant de la proximité de Vichy, on refusait encore de considérer l'État français comme complice du régime nazi. On affirmait que dans un pays occupé, la police devait obéir à l'occupant. Le régime de Vichy n'avait donc pas pu agir librement et ses structures ne représentaient pas non plus l'État français.

Le 16 juillet 1995, lors de l'anniversaire de la rafle du Vel' d'Hiv' de 1942, le président de la République Jacques Chirac a pour la première fois reconnu que l'État français était co-responsable de la déportation des Juifs. Il a quasiment brisé un tabou en disant cela. Jusque-là, on avait éludé la question en avançant de mauvais prétextes, comme « si certains ont participé, c'est qu'ils étaient soumis à des pressions », ou « ils ont agi de la sorte pour sauver leur propre peau ». Pour la première fois, un chef de l'État français a déclaré que la persécution des Juifs était aussi une partie de l'histoire de France. Cette introspection de longue haleine sur la complicité française dans la persécution des Juifs et leur déportation montre qu'il faut beaucoup de temps pour avouer sa propre faute. L'Allemagne n'est pas la seule à être « travaillée » par son passé. Toutes choses égales par ailleurs, la France a, avec Vichy, « un passé qui ne passe pas », selon le titre du livre d'Éric Conan et Henry Rousso qui a pointé en 1994 les périls du rapport à l'histoire de Vichy, entre politique, médias et déontologie de l'historien.

AW : Revenons maintenant au déroulement de la guerre. Comme en 1917, pendant la Première Guerre mondiale, les États-Unis sont intervenus en 1941 dans la Seconde. Cette configuration devait encore jouer un rôle après la guerre. Dans les deux cas, les Européens n'avaient pas réussi à se tirer d'affaire tout seuls et ils ont eu pour la seconde fois besoin du soutien décisif du monde libre. Le 6 juin 1944 a eu lieu le débarquement des Américains, des Britanniques et des Canadiens en Normandie.

HMD : Je trouve très bien que tu utilises le mot de débarquement. J'insiste pour qu'on parle d'un débarquement en Normandie et m'étonne toujours de voir à quel point on tient dans l'opinion publique allemande au terme qui a été utilisé à l'origine : l'« invasion ». Invasion est le mot utilisé dans la perspective de l'Allemagne hitlérienne. Du point de vue de la *Wehrmacht*, ce débarquement a été une invasion, une attaque du territoire qu'elle occupait. Mais, objectivement, cela a été un débarquement.

Vers de nouveaux horizons – après 1945

AW : Les Américains ont participé de manière décisive à la libération de la France, même si de Gaulle, dans son célèbre discours lors de la libération de Paris, ne le mentionne pas du tout. Ils ont considérablement influencé les rapports franco-allemands, y compris après 1945. Il était important pour eux de créer en Europe de l'Ouest une nouvelle zone de stabilité politique et de prospérité économique. Ils ont donc joué un rôle décisif lors de la reconstruction de l'Europe. Sans les États-Unis, l'intégration européenne telle que nous la connaissons n'aurait pas été possible. L'Europe de l'Ouest a eu la chance de commencer quelque chose de nouveau, de constructif – en profitant d'une aide adéquate, mais aussi en subissant une certaine pression de Washington.

HMD : Il y avait aussi un véritable intérêt des Européens à développer de nouvelles formes de coopération. La volonté de mieux organiser l'avenir était présente.

AW : Tu as raison. Pourtant les Européens étaient encore tellement prisonniers de leurs anciennes oppositions que, sans une certaine pression de l'extérieur, il ne se serait pas passé autant de choses. Si on pense par exemple qu'en 1947 encore a été conclu le pacte de Dunkerque entre la France et la Grande-Bretagne – en aucun cas un pacte contre l'Union soviétique…

HMD : Non, il s'agissait bien de se protéger contre le « danger allemand » ! Tu trouves ça étonnant ? Moi pas, car si l'on reprend le point de vue des acteurs de l'époque, même à terre l'Allemagne représentait un danger putatif pour l'avenir. Tel était le schéma dans lequel on se trouvait depuis des décennies et il faut reconnaître que jusqu'alors, les voisins allemands avaient plutôt donné des raisons aux Français et aux Anglais d'être circonspects.

AW : Justement. On a dit avec raison que les Britanniques auraient dû signer cet accord dix ans plus tôt. Avant la guerre, ils avaient refusé de donner une promesse d'assistance fiable à la France. En 1947, la menace d'une Allemagne qui aurait potentiellement retrouvé sa puissance ne pouvait pas s'effacer si vite. Et, sans l'influence des États-Unis, cela n'aurait pas changé si rapidement.

HMD : Je trouve quand même assez impressionnant de voir la vitesse avec laquelle ces facteurs ont été modifiés en Europe après la guerre. En 1947, l'Europe connaissait déjà les débuts de la guerre froide. En quelques semaines, elle a développé sa propre dynamique. À côté du rôle très important des Américains, ou plutôt des Anglo-Saxons, comme le disait volontiers de Gaulle, il faut aussi rappeler que la guerre froide a beaucoup accéléré la réintégration de l'Allemagne de l'Ouest dans le cercle des peuples libres, alors qu'il était difficile de l'envisager au départ.

Grâce aux Américains, mais aussi aux Britanniques, la France a été très rapidement déclarée puissance victorieuse à la fin de la guerre, même si elle n'a pas participé à la conférence de Potsdam qui n'a réuni que l'Union soviétique, les États-Unis et le Royaume-Uni. Lors de cette conférence, en s'appuyant sur les décisions des rencontres antérieures entre les pays ennemis d'Hitler, on a décidé du statut de l'Allemagne occupée ainsi que des droits et des responsabilités des Alliés quand ils occuperaient l'Allemagne vaincue. Et il a été stipulé que la France obtiendrait aussi une zone d'occupation.

Les Américains avaient l'intention de ne pas rester très longtemps sur le continent libéré et les Britanniques savaient bien que les Américains quitteraient l'Europe à court ou moyen terme et rentreraient chez eux, ce qui était un horrible scénario. Les Britanniques – qui vivent sur une île – auraient alors eu l'Union soviétique pour seul partenaire contre l'Allemagne, deux pays dont ils se méfiaient presque également. Donc, la perception de la menace soviétique a rapidement pris le dessus.

AW : C'est surtout Churchill qui voyait les choses de cette manière.

HMD : Tout à fait. C'est pourquoi il a assuré que le Royaume-Uni avait besoin de la France comme seconde puissance européenne pour gérer l'Allemagne. Les Américains ont d'autant plus approuvé que, pour eux, les Français conservaient, malgré la défaite de 1940, le rang d'une grande puissance européenne. Seul Staline a refusé que ce pays reçoive ne serait-ce qu'un centimètre carré de la zone prévue pour les Soviétiques, alors qu'il s'était si rapidement effondré devant la *Wehrmacht* en 1940, ce qui avait permis à Hitler de se tourner rapidement contre l'URSS avant qu'elle ait pu s'armer suffisamment.

AW : Et c'est ainsi qu'a été constituée la zone d'occupation française : un morceau de la zone britannique et un morceau de la zone américaine.

HMD : Ce qui explique aussi sa forme bizarre. À partir de cette déclaration qui donnait à la France un statut de puissance victorieuse, celle-ci a pu adopter une attitude de supériorité à l'égard de l'Allemagne. Jusqu'à la fin de la guerre froide, donc jusqu'au rétablissement de l'unité allemande, la France a pris très au sérieux son rôle de quatrième puissance occupante. Tout gouvernement, qu'il soit conservateur ou socialiste, a été très conscient de ses droits et obligations à l'égard de l'Allemagne. Lors des crises de Berlin en 1948 ou en 1958 ou lors de la construction du Mur en 1961, elle a fait entendre sa voix et tenu au respect du statut quadripartite de Berlin.

AW : Soit dit en passant, à propos d'« attitude défensive », après la Première Guerre mondiale la France avait été aussi un pays affaibli. Déjà à l'époque, elle n'avait pas eu la force d'être une vraie puissance victorieuse. Après 14-18, les États-Unis seuls pouvaient être considérés comme les véritables vainqueurs. Après 1945, la France était plus encore un pays épuisé. Mais cela a été en quelque sorte occulté et compensé par ce statut quadripartite. N'oublions cependant pas que ce statut n'ayant pas fonctionné avec les Soviétiques, le Conseil de contrôle allié – dont la mission était d'assurer un contrôle commun de l'Allemagne par les quatre puissances – a manqué d'efficacité. Même entre les trois puissances occupantes occidentales, il y a eu rapidement des désaccords – la relation franco-britannique n'a de nouveau pas été particulièrement harmonieuse.

HMD : Les occupants français et britanniques ont été confrontés à des conditions très différentes dans leur zone. Chacune avait ses spécificités structurelles. De plus, les projets des puissances occupantes sur la manière dont elles comptaient traiter le pays vaincu ne concordaient pas forcément. Les Alliés avaient aussi une conception différente de la dénazification, on le voit bien avec l'exemple de la zone d'occupation française plus petite que les autres.

D'un côté, les Français aspiraient à éliminer le militarisme. Ils ont pris la dénazification au sérieux. Une action superficielle avec des questionnaires, que préconisaient les Américains, était insuffisante : ils voulaient prendre le temps d'interroger longuement les personnes et de mener des enquêtes sur chaque individu. Leur but était de transformer également la mentalité allemande de fond en comble. C'est pourquoi ils ont misé sur une double stratégie : une extrême sévérité d'une part, en exigeant les démontages, c'est-à-dire le démantèlement des installations industrielles allemandes, et en s'imposant comme « les occupants », ou plutôt comme « les vainqueurs ». D'autre part, en conduisant une politique culturelle offensive et constructive. Les activités culturelles des Français n'ont pas connu d'équivalent dans les zones britannique et américaine.

AW : On peut citer l'exemple de l'université de Mayence.

HMD : Exactement, les Français ont aussi fondé l'École supérieure d'administration à Spire sur le modèle de l'ENA en France ou l'Institut d'histoire européenne à Mayence. L'historien Dietmar Hüser a, dans ses recherches, montré que la politique allemande de la France était – comme il l'a appelée – une « double politique allemande ». L'opinion publique française attendait de la rigueur et de la fermeté à l'égard de l'ennemi héréditaire, après l'avoir enfin vaincu, cette fois définitivement. Par ailleurs, certains observateurs et experts dans l'entourage de De Gaulle insistaient sur le fait qu'il fallait agir de manière plus constructive si on voulait assurer à long terme la paix et la sécurité de la France. Ils recommandaient donc de procéder à des changements radicaux, notamment dans le domaine de la culture et de l'éducation.

Il est en fin de compte difficile de savoir avec certitude si les Français ont été véritablement plus sévères que les autres puissances occupantes ou bien s'ils pensaient à plus long terme. Ils savaient en tout cas qu'ils resteraient les voisins de l'Allemagne à tout jamais. Les Britanniques vivaient sur leur île, les Américains pouvaient se retirer à tout moment – les Français devaient vivre à côté de ce voisin potentiellement dangereux, à moins que, visant le long terme, on ne réussisse à l'éduquer d'une manière si différente qu'il deviendrait moins dangereux.

AW : Tu dirais alors que la France a, en quelque sorte, tiré des leçons du passé ? La question de savoir si on peut apprendre de son propre passé a été et demeure pour les Allemands une obligation durable. La fin dramatique de la république de Weimar et l'établissement du régime criminel nazi restent un défi permanent pour l'Allemagne contemporaine. Mais on peut aussi se poser la question pour les autres : la France n'avait-elle pas eu un comportement un peu arrogant à l'égard de la République de Weimar pour se révéler ensuite timorée à l'égard d'Hitler ? N'avait-elle pas été trop peu conciliante juste après la Première Guerre mondiale, en ne proposant pas d'initiatives constructives et productives ? Les avancées qui ont eu lieu à ce moment ont été désavouées, non seulement du côté allemand, mais aussi français. Les Américains et les Britanniques, eux, sont passés par un processus d'apprentissage. Ils ont compris après 1945 qu'il ne devait en aucun cas y avoir un deuxième Versailles ni l'exigence de lourdes réparations parce que cela avait été catastrophique. La France a-t-elle connu un processus comparable d'apprentissage après l'expérience de l'entre-deux-guerres ?

HMD : Incontestablement, notamment chez les fervents partisans de la politique de réconciliation, qu'on a appelés plus tard les réconciliateurs. Il y en avait des deux côtés du Rhin, en France et en Allemagne. Certains avaient été dans la Résistance ou avaient souffert dans les camps de concentration, comme l'historien Joseph Rovan qui était né en Allemagne, avait fui en 1933 à l'arrivée des nazis et avait donc une relation particulière à ce pays. Ils ont tout de suite compris que les tentatives de rapprochement de l'entre-deux-guerres avaient été trop élitistes et ils ont moins parlé de réconciliation que de compréhension mutuelle et de coopération. Ce rapprochement devait avoir lieu à partir de la « base », d'en-bas – cette expression a constamment été employée.

Joseph Rovan, qui avait été arrêté pour faits de résistance puis détenu à Dachau pendant un peu plus d'un an, a travaillé dans l'administration militaire de la zone d'occupation française. Dès octobre 1945, il écrit dans la revue chrétienne *Esprit* un article intitulé « L'Allemagne de nos mérites », dans lequel il esquisse un programme qui montre qu'il faut tirer des leçons de l'histoire. Voici en résumé ce qu'il disait : nous, les vainqueurs, sommes en position de changer les choses ; les Allemands, eux, sont à terre. Nous devons donc nous efforcer de faire de ces pauvres enfants perdus du national-socialisme de bons et honnêtes citoyens démocrates. Et l'avenir dépendra de notre travail, nous portons la responsabilité de l'avenir de l'Allemagne. L'Allemagne du futur sera donc l'Allemagne de nos mérites.

AW : Cette vision est très originale. Elle est due à ce que Rovan a appris de l'histoire.

HMD : En effet. Il a en quelque sorte développé un programme pour ceux qui s'engageaient en faveur d'un rapprochement et d'une réconciliation en disant simplement : ce que devient l'Allemagne nous regarde. Et comme le futur dépend de ce que nous faisons nous-mêmes, les deux parties doivent publiquement dire quelles sont leurs blessures. C'est, selon Rovan, le seul moyen qui permettra aux Français et aux Allemands de reconnaître les souffrances, les faiblesses et les griefs de l'autre partie.

AW : Au fond, ce programme reste indispensable aujourd'hui pour la réconciliation franco-allemande, voire européenne.

HMD : C'est exactement dans le même esprit qu'a agi Alfred Grosser, qui était un peu plus jeune. Né à Francfort-sur-le-Main, il avait émigré en France fin 1933 avec sa famille, alors qu'il était encore enfant. Il s'est engagé après la guerre dans le Comité français d'échanges avec l'Allemagne nouvelle qui encourageait les échanges avec les jeunes Allemands. L'occasion leur était donnée de découvrir les voisins de leur âge, ce qui devait faciliter leur transition vers la démocratie. Grosser espérait ainsi offrir aux jeunes générations une nouvelle chance de concevoir un avenir commun.

AW : Donner à la jeunesse un meilleur avenir est une tendance de fond de l'époque d'après-guerre. La génération de

Grosser et de Rovan avait appris de sa propre expérience qu'il fallait partir de la base, de l'individu. Elle a été reprise par divers acteurs de la résistance, des milieux chrétiens ou intellectuels, qui tous soutenaient cette idée qu'il fallait mettre la jeunesse des deux pays en contact, que seul l'échange déterminait comment la génération suivante pouvait comprendre son voisin.

HMD : Des hommes politiques se sont aussi investis dans cette tâche, comme le social-démocrate Carlo Schmid ou le libéral Theodor Heuss qui s'est personnellement engagé dans la fondation de l'Institut franco-allemand de Ludwigsburg (Deutsch-französisches Institut, DFI).

AW : Avant qu'il devienne président de la République fédérale, en 1949.

HMD : En effet, l'Institut franco-allemand de Ludwigsburg a été créé en 1948. Pour Theodor Heuss, cette décision s'inscrivait dans la logique de sa propre histoire. Il disait qu'il passerait sa vie à réparer sa faute d'avoir voté la loi sur les pleins pouvoirs en 1933.

AW : Heuss avait avant 1933 enseigné à la *Hochschule für Politik*, l'université des sciences politiques de Berlin : il avait donc dans une certaine mesure des ambitions éducatives. Je pense que les efforts entrepris après la guerre ont différentes origines et je citerais aussi les racines sociales-démocrates et libérales. Mais ne dirais-tu pas tout de même que ce qui a été décisif, c'est l'orientation chrétienne-démocrate des hommes d'État européens de l'Ouest ? Je ne pense pas seulement à Konrad Adenauer.

HMD : Je suis tout à fait d'accord. Il s'agit d'hommes politiques comme l'Italien Alcide de Gasperi et le Français Robert Schuman.

AW : Ils avaient en commun de partager une philosophie chrétienne-démocrate, mais aussi de venir presque tous de régions frontalières. Schuman était Lorrain, il avait fait ses études à Strasbourg, de Gasperi était originaire du nord de l'Italie, le Trentin, et Adenauer, comme on sait, était Rhénan. L'heure de la démocratie chrétienne avait sonné sans qu'on puisse dire que les autres partis étaient opposés à une réconciliation.

HMD : C'est vrai, par exemple le Belge Paul-Henri Spaak était social-démocrate.

La construction européenne, une affaire gagnant-gagnant

HMD : Cette réconciliation entre voisins qui s'étaient si longtemps fait la guerre va de pair avec l'idée européenne. Durant l'après-guerre, on s'est rendu compte qu'en créant un niveau supérieur, en particulier avec le plan Schuman, on pouvait écarter les points de discorde, comme le charbon et l'industrie lourde, du champ de l'action nationale, en les transférant à une administration commune. L'idée était de faire passer l'approvisionnement de ces matières premières indispensables dans un marché commun. Et c'est ce qu'il y a de génial dans le plan Schuman. On sait qu'il a été inspiré par Jean Monnet qui était auprès de De Gaulle pendant la guerre à Alger et avait réfléchi à la manière d'organiser une nouvelle Europe après la fin prévisible du conflit.

AW : Les Américains ont aussi joué un rôle en arrière-plan car c'était dans leur intérêt que l'Europe renoue rapidement avec la croissance et la prospérité.

HMD : Mais il est absurde, et même dangereux dans la situation actuelle, d'affirmer, comme l'ont fait certains eurosceptiques en France, que la construction européenne aurait été l'œuvre d'anciens nazis et le résultat de machinations américaines – que tout se serait passé contre la volonté des bonnes vieilles nations européennes. Ce sont bien les Européens qui ont repris des projets de l'entre-deux-guerres et ont allié idéal et pragmatisme en élaborant le plan Schuman.

L'idée était que la France, en créant une administration commune, supranationale, pouvait contrôler la production allemande de charbon et d'acier tout en y ayant accès comme ses partenaires et en voyant la production augmenter. Cela a été le cas : grâce au marché commun, on a produit davantage de charbon et d'acier.

AW : La France a pu en bénéficier : continuer à contrôler l'Allemagne et améliorer son propre approvisionnement en matières premières. Le charbon et l'acier étaient alors encore essentiels pour sa modernisation. Cela signifie que le plan Schuman servait aussi les intérêts économiques français. Si on exagère un peu, la France a obtenu avec le plan Schuman ce qu'elle n'avait pas remporté en 1923, lors de l'occupation de la Ruhr, en utilisant cette fois des moyens différents, beaucoup plus constructifs. La France était effectivement intéressée par avoir les mêmes droits dans l'industrie lourde, elle voulait le même accès au marché que les Allemands. En cherchant son avantage, la France a accepté une légère restriction de sa souveraineté en la transférant à la « Haute Autorité » qui est devenue le noyau historique de l'actuelle Commission de l'UE.

HMD : On a pu ainsi produire au maximum sans pour autant soupçonner qu'un partenaire puisse préparer une nouvelle guerre en secret. Une nouvelle guerre entre les rivaux héréditaires, à savoir la France et l'Allemagne, devenait, selon les termes mêmes du discours de Schuman, « non seulement impensable, mais aussi matériellement impossible ». Le besoin de sécurité combiné à la volonté de construire un avenir commun est l'idée centrale, le germe de l'unification européenne.

AW : Monnet écrit dans ses mémoires qu'un des problèmes de la modernisation de la France a été qu'il n'y avait pas de sidérurgie moderne dans ce pays. La seule exception d'une industrie qui fonctionnait bien, c'était la Lorraine, un site qui avait été modernisé par les Allemands avant 1914.

HMD : Pour les Allemands de l'Ouest, le plan Schuman était aussi avantageux parce qu'il leur fallait renoncer à une partie d'une souveraineté qu'ils ne possédaient pas encore. En contrepartie, la Communauté européenne du charbon et de l'acier a été une façon, pour la République fédérale, d'obtenir un statut d'égalité. En tout cas, cette Communauté a remplacé l'autorité internationale de la Ruhr, en vigueur depuis la fin de la guerre. Les deux pays ont profité de l'unification européenne, cela a été effectivement une situation gagnant-gagnant. Dans ce moment historique est devenue possible une relation qui semblait impensable entre les deux guerres.

AW : Ce qui m'intéresserait, ce serait que tu me dises comment tu considères le rôle des Américains.

HMD : La question est justifiée. On parle parfois trop vite d'un idéalisme européen qui, après la catastrophe de la Seconde Guerre mondiale, a permis aux Français et aux Allemands de surmonter leurs dissensions. Cela participe du grand récit idéaliste de l'intégration européenne et de l'amitié franco-allemande.

AW : À mon avis, ce pas de géant qu'a constitué le plan Schuman, ainsi que l'idée d'une unification européenne que Monnet a élaborée au cours de ses promenades, n'ont finalement été possibles que parce que les Britanniques se sont désengagés de la réorganisation de l'Europe. Les Américains souhaitaient une coopération qui soit d'une certaine façon supranationale. Au début, ils pensaient que le rôle des Britanniques était d'organiser une coopération européenne, mais ceux-ci n'en voulaient pas. Citons la fameuse phrase du ministre britannique des Affaires étrangères Ernest Bevin en 1947 : nous ne sommes pas juste un autre pays européen (« *just another European country* »). Au lieu de cela, les Britanniques préféraient entretenir en bilatéral leur « relation spéciale » (« *special relationship* ») avec les États-Unis. Les Français et les Allemands n'avaient qu'à coopérer étroitement et construire ainsi une Europe unie. Eux, les Anglais, y seraient favorables et en seraient le patron bienveillant, mais sans y participer. Cette position reprend en substance le célèbre discours de Zurich prononcé par Churchill en 1946.

Plus tard, les Américains ont déplacé de Londres à Paris l'espoir qu'ils avaient pour l'avenir politique de l'Europe. Si les Britanniques n'en voulaient pas, alors il fallait que les Français le fassent, et si les Français refusaient aussi, les États-Unis étaient prêts à réduire considérablement leur aide financière et militaire. Jean Monnet et le gouvernement français se sont retrouvés, en 1949, dans cette situation de contrainte.

HMD : Il est incontestable que cette pression a existé, on l'a également constatée lors de l'élaboration de la Communauté européenne de défense (CED) qui a finalement échoué. Mais la question décisive est de savoir si les Européens se sont seulement laissé manipuler et ont agi un peu malgré eux – ou bien si deux logiques complémentaires, l'américaine et l'européenne, se sont rejointes. Je penche plutôt pour cette seconde interprétation.

Évidemment, les Américains avaient également un intérêt à la pacification et la reconstruction de l'Europe, et ils souhaitaient que cela fonctionne. Ils aiment déployer le grand récit selon lequel ils ont aidé le monde entier par pur altruisme, mais derrière des mesures comme celles du plan Marshall, il est évident que les États-Unis ont un intérêt à remettre l'Europe sur pied, avec le choix d'un système économique libéral, et à la voir devenir un partenaire commercial solide et fiable de l'Amérique du Nord.

Autre fait décisif, le gouvernement français a lui aussi reconnu qu'il pouvait tirer parti d'une unification européenne. Il n'a pas fallu beaucoup de temps pour démontrer aux Allemands les chances qu'offrait cette proposition. On peut alors dire que c'est grâce à cette solution européenne que l'Allemagne de l'Ouest, dans le contexte de la guerre froide débutante, a soudainement profité d'un changement de statut. Elle a été la base de la reconstruction et de la croissance qui, comme on sait, a débouché sur le miracle économique.

AW : Pour les Français, la situation était un peu plus compliquée. Renoncer à leur propre souveraineté, plus encore au profit d'une coopération avec les ennemis d'hier, a été difficile pour un certain nombre d'entre eux. Peut-être est-ce la raison pour laquelle ce tournant pro-européen de la politique française est tant mythifié. Il a vraiment nécessité un renversement des comportements qui avaient prévalu jusque-là.

HMD : Oui, cela a été un effort certain. Mais je voudrais tout de même insister sur le fait que le rapprochement franco-allemand n'a pas été seulement une question de grande politique. Ce qui fut tout aussi important, c'est la conviction qu'on ne pouvait pas continuer comme avant et qu'il fallait enraciner ce rapprochement dans la société civile. On ne pouvait pas se faire la guerre à chaque génération. De ce fait, le passage de la confrontation à la coopération a contribué fondamentalement à la paix qui dure jusqu'à aujourd'hui. Cela paraît banal, mais si on regarde, comme nous l'avons fait, toute la genèse de l'Europe, ce grand pas n'allait pas de soi. Il signifiait qu'on était prêt à mettre de côté la colère et la haine de l'autre. Et qu'on se disait : il est maintenant dans notre intérêt de coopérer et, dans la mesure du possible, de lier aussi des amitiés personnelles. Ce comportement n'était pas non plus évident.

Le couple franco-allemand

AW : C'est pour cette raison que nous sommes si fascinés par ces fameux tandems qu'on appelle des couples en français. Du point de vue allemand, le terme français convient idéalement pour la paire actuelle formée par la chancelière fédérale et le président de la République ; par les gestes rendant visible leur coopération, on voit les chefs d'État et de gouvernement incarnant leur État et leur population.

HMD : Cette symbolique a été très bien comprise par les différents acteurs ; depuis de Gaulle et Adenauer, la mise en scène symbolique des couples ou des tandems est devenue une partie de l'histoire franco-allemande. Les émotions qu'elle suscite servent à donner une base durable à cette coopération. Au fil des années, c'est devenu presque une évidence mais, rétrospectivement, on peut distinguer différentes étapes dans ce rapprochement.

Comparons simplement deux images symboliques : la première, de Gaulle et Adenauer, dans la cathédrale de Reims, assistent ensemble à une messe en juillet 1962, debout, l'un à côté de l'autre. La seconde montre Helmut Kohl et François Mitterrand, se tenant par la main en silence devant l'ossuaire de Douaumont lors de la commémoration de la bataille de Verdun, le 22 septembre 1984. De telles images ont été mises en scène à dessein pour faire partager à toute la population le message qu'on avait surmonté la haine de l'ennemi héréditaire.

AW : Ce message a été renforcé par les contacts encouragés entre les gens « ordinaires » des deux pays. On pourrait presque dire que jusqu'ici, les deux populations s'étaient côtoyées et avaient été en contact essentiellement dans les opérations de guerre. Même la Seconde Guerre mondiale avait entraîné une foule de rencontres franco-allemandes, et pas seulement des blessures et de la souffrance ; lors de la Grande Guerre, la situation avait été similaire, certes dans d'autres conditions.

François Mitterrand et Helmut Kohl à Verdun en 1984.
© Picture Alliance/Bridgeman Images.

HMD : À cette époque, il n'était pas habituel pour un simple fils de paysan ou d'épicier ou pour des membres de classes sociales modestes d'aller à l'étranger et de rencontrer des personnes d'autres nationalités. Ce type de voyages qui a permis de faire la connaissance du pays voisin a été surtout possible après la Seconde Guerre mondiale, dans le cadre de cette réconciliation franco-allemande.

AW : Comme exemple intéressant à Paris, prenons la maison Heinrich Heine – tu la connais bien car tu fais partie de leur conseil d'administration. Elle a été construite sur le territoire des anciennes fortifications. Elles avaient essuyé les coups de feu allemands en 1870-71 avant d'être détruites après la Première Guerre mondiale. Dans un élan pacifiste, on a construit, à partir de 1921, la Cité internationale universitaire à la limite sud de Paris, en créant ex nihilo un quartier d'habitations et un centre de rencontres pour étudiants internationaux. On y trouve la maison de la Suède, de la Suisse, de l'Espagne et toutes sortes de maisons ; à l'époque, en revanche, il n'y avait pas de maison de l'Allemagne. Après la Première Guerre mondiale, il était hors de question d'avoir une maison allemande.

Mais en 1958, c'est-à-dire exactement à l'époque dont nous parlons, on a construit une maison de l'Allemagne qu'on a appelée la Maison Heinrich Heine. Le choix du nom n'est évidemment pas un hasard : Heinrich Heine s'était exilé en France en 1831 pour y trouver la liberté et il avait aussi écrit en français. Cependant (mais je ne sais pas s'il y aurait eu des alternatives), la Maison Heinrich Heine a été construite tout au bout du terrain, juste à côté du périphérique. Là-bas, au fin fond de la Cité internationale, je trouve qu'elle a l'air un peu timide.

HMD : Je ne crois pas que ç'ait été un choix de reléguer l'Allemagne à la périphérie. Il devait rester un terrain non bâti à cet endroit. Il n'empêche que la Maison Heinrich Heine est devenue au fil des décennies un des cœurs battants de la Cité universitaire grâce à une offre culturelle unique. Fruit de l'engagement de Wilhelm Hausenstein, le premier chargé d'affaires de la République fédérale à Paris après 1945, cette maison s'est développée jusqu'à être aujourd'hui un lieu d'échanges intenses. Et je crois que les changements radicaux faits dans l'après-guerre correspondaient à la conviction qu'il fallait se rencontrer sur tous les plans possibles. Ce n'est que lorsqu'on connaît l'autre qu'on peut intégrer son point de vue dans ses propres représentations.

AW : Un des virages a bien entendu été le traité de l'Élysée du 22 janvier 1963, suivi de la fondation la même année de l'Office franco-allemand de la jeunesse. Les deux initiatives reposent sur la prise de conscience que les chefs de gouvernement, les différents niveaux de l'administration allemande et française ainsi que la jeunesse (étudiants ou apprentis) doivent se rencontrer aussi souvent que possible. Ils apprendront à connaître l'autre et donc à le voir aussi de manière rationnelle en sachant où sont les différences, les points communs et comment on peut trouver un moyen de bien s'entendre.

HMD : Au fil des années, les milieux politiques ont, grâce aux rencontres régulières, bien mieux intériorisé les positions et les contraintes de l'autre. Et c'est le plus important dans ce traité qui est entre-temps devenu un « lieu de mémoire » de l'histoire franco-allemande. D'après la définition de Pierre Nora, un lieu de mémoire n'est pas nécessairement un lieu dans l'espace, cela peut également être un événement, un objet ou une décision dans lesquels un groupe, ici, les Français et les Allemands, se reconnaît et auxquels il donne un sens collectif. En ce sens, le traité de l'Élysée est devenu le paradigme d'une réconciliation souhaitée et d'une relative harmonie dans la façon d'analyser le monde environnant.

AW : C'est pourquoi il y a aussi des points critiques : il est vrai que la culture mémorielle a incontestablement un effet positif lorsque chaque année, on commémore la signature du traité dans les écoles françaises et allemandes, mais en tant qu'historiens il nous faut rappeler qu'en réalité la genèse de ce traité a été tout sauf une histoire d'amour.

HMD : Les Américains ont ici encore joué un grand rôle, mais cette fois un rôle comme repoussoir, comme moteur *a contrario*. Cette étroite alliance avec la République fédérale, de Gaulle voulait la mettre en place plutôt contre les « Anglo-Saxons » et c'est d'ailleurs exactement ainsi que le projet a été perçu à Londres et à Washington. Les États-Unis n'apparaissent pas dans cette affaire comme les promoteurs mais plutôt comme un tiers extérieur, critique et hésitant. Il faut dire aussi que le traité est né après plusieurs revers de la politique française en Europe. D'abord l'échec des plans Fouchet, tentatives françaises de réorganiser l'Europe sur un mode intergouvernemental et non supranational. Ensuite, le veto de de Gaulle à l'entrée de la Grande-Bretagne dans la CEE, le 14 janvier 1963.

De Gaulle suspectait constamment la Grande-Bretagne et les États-Unis de ne traiter les Européens que comme des valets avec qui il n'était pas question de partager le pouvoir de décision sur le potentiel militaire. Le contexte de 1962-1963, avec les accords de Nassau, lui donne en partie raison. Il y a donc aussi une histoire de *Realpolitik* qui se cache derrière cette invention très habile, dans le traité, d'un système mettant en place des rencontres bilatérales régulières et la recherche de compromis ou de positions communes à Paris et à Bonn.

AW : C'est pour cela qu'une partie de la recherche conclut que le traité de l'Élysée a été un traité inutile, voulu uniquement par de Gaulle et Adenauer qui devait quitter la vie politique quelques mois plus tard. Si on suit cette thèse, le traité est l'expression d'un bilatéralisme décisif entre la France et la République fédérale qui, toutes deux, avaient une autre idée de l'Europe que les États-Unis. Adenauer partageait alors le point de vue du Président français, il était en quelque sorte gaulliste, et non atlantiste.

HMD : Sur la question de ses effets, beaucoup d'historiens n'attribuent pas une grande valeur au traité. Je pense au contraire que le traité de l'Élysée a eu une bien plus grande influence qu'on ne le dit. Avant tout, nous lui devons les consultations régulières entre les dirigeants français et allemands et les réunions au niveau ministériel. Cette institutionnalisation des conversations a développé une tradition propre, une façon de faire qui, en comparaison, a été un réel pas de géant dans la politique internationale.

AW : Les jumelages entre villes ont fleuri. Certes, les premiers partenariats existaient déjà avant 1963, par exemple entre Tübingen et Aix-en-Provence qui a fêté son 40e anniversaire en 1998 et auquel j'ai participé. Mais les jumelages se sont vraiment multipliés après 1963 sur la base du traité de l'Élysée. Il a donné l'occasion à beaucoup de gens qui n'avaient pas fait d'études supérieures et ne parlaient pas de langues étrangères d'entrer en contact avec l'autre pour la première fois et, de ce point de vue, il a contribué à la réconciliation des peuples. Pour finir, l'Office franco-allemand pour la jeunesse, dont la création a été décidée dans le cadre du traité de l'Élysée, est jusqu'à aujourd'hui une institution importante et unique en son genre, avec cette portée. Ce rapprochement entre les populations est un vrai succès historique, parce qu'il a réussi à rendre les relations franco-allemandes indépendantes des grandes personnalités qu'étaient de Gaulle et Adenauer.

HMD : Entre-temps, ce rapprochement est devenu un modèle dans la recherche sur la paix et les conflits. Des travaux s'intéressent aux effets de la pérennisation de ces rencontres et mesurent combien l'implication de la société civile est maintenant institutionnalisée. Ils ont par exemple montré que les institutions elles-mêmes ont développé une dynamique propre et influencé les acteurs, tout en réduisant leur marge de manœuvre parce que toutes les procédures sont codifiées. C'est ainsi que des phénomènes de dépendance réciproque se sont installés. Il est parfois plus simple de rester fidèle aux pratiques habituelles que de rompre cette coopération. Certains parlent d'un effet *locked-in* (effet de verrouillage) et le chercheur en sciences politiques Stefan Seidendorf a qualifié l'institutionnalisation des relations franco-allemandes de « cercle vertueux », le contraire du cercle vicieux : le seul choix possible est celui de faire quelque chose de constructif .

AW : Ce qui prévaut, c'est que cette amitié franco-allemande ne s'est pas imposée comme une valeur positive uniquement au niveau politique, mais aussi dans la société. La confirmation de cette valeur par l'expérience accumulée conduit à ce qu'il demeure souhaitable de continuer de travailler ensemble et d'être bons amis.

HMD : Il s'agit aussi de la toile de fond des désaccords de ces dernières décennies : manifestement, les deux peuples ont encore de grandes attentes sur la bonne entente entre les deux pays. C'est un trésor qu'on entretient et apprécie même si on ne peut pas toujours être du même avis. Mais au fond, tout doit continuer ainsi : la France et l'Allemagne doivent se tenir la main au centre de l'Europe.

AW : Cependant, on peut se demander de nos jours si cette image est réaliste. Le rapprochement entre les Français et les Allemands de l'Ouest a connu son heure de gloire dans les années 1980. D'ailleurs, ce n'est pas un hasard si une grande partie de la recherche sur le sujet dont nous parlons a eu lieu dans les années 1980-1990. Dans ces années-là, les très nombreux travaux de recherche sur les relations franco-allemandes étaient financés par des institutions qui mettaient généreusement des fonds à la disposition des chercheurs pour soutenir leurs projets. En outre, le nombre de gens intéressés par l'apprentissage de l'autre langue était nettement plus élevé qu'aujourd'hui. Malheureusement cet intérêt s'est fortement affaibli.

HMD : Dès les années 70 s'était installée une dynamique vertueuse entre les politiques et la société civile qui s'entraînèrent mutuellement en faveur d'échanges bilatéraux accrus. Le facteur humain a été décisif. Au niveau des dirigeants, cet élan a été porté par le hasard de la bonne entente d'Helmut Schmidt et de Valéry Giscard d'Estaing qui partageaient la même analyse de la crise à laquelle les économies européennes étaient confrontées. Ils ont cherché des solutions européennes, en partie très techniques comme le Système monétaire européen de 1979, avec l'objectif de créer des dispositifs protégeant les économies d'influences extérieures tout en favorisant le rapprochement des doctrines et des résultats.

AW : Cette ligne a été poursuivie par Helmut Kohl et François Mitterrand dans plusieurs domaines-clés de la souveraineté des États, de la monnaie à la défense. L'énergie déployée à cette époque pour comprendre le fonctionnement du partenaire et pour identifier les espaces de possibles compromis est impressionnante quand on se plonge dans les archives des années 1980. Ce n'est certainement pas un hasard si des avancées majeures ont été obtenues, imbriquant pour la plupart le bilatéral et le niveau communautaire. La liste est longue, des infrastructures ferroviaires à la réforme des institutions européennes, de la brigade franco-allemande créée début 1989 et dont a émané l'Eurocorps en 1992, à la création de l'euro qui fut lancé en 1999 après une décennie de préparation.

HMD : Évidemment, la question se pose : la courbe ascendante a-t-elle déjà atteint son point culminant ? Serait-ce cette image symbolique de septembre 1984 avec Kohl et Mitterrand dont le geste de réconciliation a impressionné même les adversaires les plus critiques de Kohl, à l'époque fort nombreux en République fédérale ? Les choses ont changé par la suite. L'approfondissement s'était pourtant poursuivi avec le plan Delors et la relance européenne des années 1980. Puis est arrivée la question de la réunification qui a incontestablement constitué un problème pour la France. À partir des années 1990, on se trouvait dans une Europe très différente et l'ordre du monde avait été modifié.

AW : Quand on se juge à l'aune de l'apogée qu'on a connue dans les années 1980, mais aussi quand on prend en considération les bouleversements du cadre de l'action, se pose une question cruciale : dans quelle mesure le tandem franco-allemand peut-il être encore un élément moteur pour amener l'Europe sur la bonne voie ? Pour la population en général, les échanges franco-allemands n'ont plus rien d'exceptionnel, ils sont en quelque sorte devenus la norme et un phénomène de masse, aussi bien dans le domaine du tourisme que dans celui des activités de la société civile comme le sport. Sans parler de tous les mariages binationaux et de tous les enfants issus de ces couples mixtes qui grandissent, on les envie, dans des milieux bilingues. À ce niveau, il existe une certaine normalité qui a maintenant définitivement clos le chapitre de cette longue hostilité. Mais quant à savoir si la relation franco-allemande à l'intérieur de l'Europe reste encore si singulière, je n'en sais rien.

HMD : Pour ma part je répondrais par l'affirmative. Il n'y a finalement pas tant d'États qui peuvent être des moteurs en Europe. Ce qui est intéressant aussi, c'est que l'histoire des relations franco-allemandes ait toujours été jalonnée de hauts et de bas. Il y a eu beaucoup de creux et puis une tendance positive. Serions-nous à la fin d'une telle période ascendante ? Les événements des 70 dernières années ont plutôt montré que le cycle de l'hostilité et de la revanche pouvait être brisé et qu'on pouvait être constructif.

Nous avons beaucoup évoqué Versailles et je vais le mentionner encore une fois, parce que ce lieu montre que l'entente franco-allemande est devenue, dans le dernier demi-siècle, une valeur en soi qu'il faut entretenir. En 2003 a eu lieu une très belle cérémonie au château de Versailles lors du 40e anniversaire du traité de l'Élysée…

AW : Tu y étais ?

HMD : Non, mais j'ai vu des images. Les deux parlements complets, c'est-à-dire le Bundestag et l'Assemblée nationale avec le Sénat, ont tenu une séance commune à Versailles pour exorciser ce lieu du cercle vicieux de la revanche. J'ai trouvé l'idée très belle, même si tout ce qui a été décidé à ce moment-là n'a pas été réalisé. Ce n'est pas seulement le choix du lieu qui m'a plu, mais aussi l'idée que se tenait là un rassemblement des représentants élus des peuples. En 2003, à Versailles, aucun homme politique n'a humilié quiconque, au contraire : les députés des peuples ont manifesté par leur présence qu'ils formaient une sorte de représentation parlementaire transnationale.

Le lendemain s'est tenu un parlement des jeunes, constitué pour moitié de Français et d'Allemands. Ils demandaient notamment la création d'un manuel scolaire d'histoire franco-allemand commun.

AW : Et ils ont obtenu ce qu'ils voulaient, n'est-ce pas ?

HMD : Oui, le premier volume a paru en 2006. On a en tout cas eu l'impression que cette réunion des parlements à Versailles en 2003 avait mis un point final à l'histoire ancienne. C'est d'autant plus notable que les succès économiques de la République fédérale avaient déjà modifié petit à petit l'équilibre entre les deux partenaires – la France et l'Allemagne –, avant même la réunification. Le motif de la superpuissance et d'une possible menace a réapparu dans le discours politique, même, la plupart du temps, sous une forme voilée. Déjà, sous de Gaulle, la France mesurait ses résultats à l'aune de ceux du voisin allemand et cette rivalité s'est exacerbée pendant les années 70 sous Valéry Giscard d'Estaing, malgré la bonne coopération qu'il avait pu établir avec Helmut Schmidt.

AW : Cette situation s'est encore accentuée dans les années 1980. Assurément, François Mitterrand avait d'autres objectifs en 1981 lorsqu'il a été élu président de la République. Il avait été élu comme socialiste de gauche et, en gouvernant avec les communistes, il a tout de suite mené une politique économique complètement différente. Il s'agissait pour lui de réduire fortement la libre circulation du capital, c'était en quelque sorte un modèle protectionniste de gauche avec une nationalisation de l'économie mais qui devait aussi être rendue socialement supportable par une politique industrielle active.

En l'espace de deux ans, il a été manifeste que ce programme ne fonctionnait pas car il exposait la France au risque de sortir du Système monétaire européen. La volonté de maintenir une alliance avec l'Allemagne a été plus forte que les promesses électorales. La nécessité de rester sur un pied d'égalité avec l'Allemagne a eu plus de poids. D'autant que Helmut Kohl a fait le geste de soutenir le franc.

HMD : Les communistes ont alors quitté le gouvernement et la politique d'austérité de l'ère Mitterrand s'est mise en place. La politique monétaire s'est raccrochée au *Deutsche Mark*. Au fond, dans les années 1980, la *Bundesbank* a joué un rôle proche de celui d'une Banque centrale européenne, parce que l'Allemagne avait très clairement la monnaie la plus forte.

AW : La République fédérale s'était comparativement sortie mieux que la France et bien d'autres pays de la dépression de 1978-1982, que l'on pourrait presque qualifier de crise économique mondiale. Dans ce contexte, les anciennes peurs ont ressurgi – la crainte d'une superpuissance allemande qui est aujourd'hui de nouveau présente en Europe. Dans les années 1980, cela a fait avancer l'idée d'une unification européenne renforcée. C'est surtout la France qui a voulu européaniser la puissance économique et financière supérieure de la République fédérale et ainsi la contrôler. Cette relance européenne a abouti ensuite en 1986 à l'Acte unique, en avril 1989 au plan Delors et en 1992 au traité de Maastricht.

HMD : La France de Mitterrand tendait de manière croissante à « concevoir la politique européenne comme servant la politique française envers l'Allemagne », comme tu l'as toi-même formulé. Dans l'optique des partenaires européens, il était important de contrôler les Allemands de l'Ouest dans le sens où il fallait éviter qu'ils fassent cavaliers seuls. Il fallait que leur puissance économique profite à toute l'Europe. Dans les années 1980, les relations bilatérales franco-allemandes ont été tout particulièrement imbriquées dans le niveau européen. L'idée européenne s'est poursuivie en étant liée à des actions pragmatiques. Les intérêts nationaux n'avaient pas disparu. Il fallait en quelque sorte qu'ils s'accrochent et s'entraînent comme des rouages afin que le moteur franco-allemand fonctionne.

AW : Exactement. Il faut vraiment insister sur ce point. Ce qui a été décisif, c'est précisément que chaque pays poursuivait ses propres intérêts, mais dans une politique commune. Dans le processus d'unification européenne et, plus concrètement, dans la relation franco-allemande sans laquelle la relance européenne des années 1980 n'aurait pas été pensable, la République fédérale et la France poursuivaient des intérêts différents, mais complémentaires. Comme tu l'as justement dit, ils se sont combinés comme dans un système de roues dentées, ce qui a entraîné une dynamique.

On l'a vu, cela a fonctionné merveilleusement pour le plan Schuman. La situation était similaire dans les années 1980.

HMD : Ce besoin français d'européaniser la puissance économique et financière de la République fédérale a aussi été partagé par les Italiens. Les deux pays ont senti que l'Allemagne leur faisait de l'ombre, malgré ses efforts pour maintenir un climat de confiance et consolider sa position exportatrice. En 1989, cette délicate constellation a encore été compliquée par la chute du Mur. Et là émerge la question désormais classique : dans quelle mesure la voie de l'euro a-t-elle été aplanie par la chute du Mur et le retour de la « question allemande » à l'ordre du jour ?

AW : La chronologie le montre assez clairement. Dans le plan Delors figuraient déjà tous les éléments du traité de Maastricht, de la monnaie commune ainsi que de l'union économique et monétaire. Il était évident qu'une monnaie commune allait exister, aux conditions allemandes. La totale indépendance d'une banque centrale européenne construite sur le modèle de la *Bundesbank* allemande faisait partie de ce plan. Ce qui restait ouvert, c'était le calendrier, c'est-à-dire à quel moment les conférences intergouvernementales décideraient concrètement de la réalisation de ce plan.

Le sujet faisait également l'objet de débats en République fédérale. Le ministère des Affaires étrangères sous Hans-Dietrich Genscher était pressé tandis que le ministère des Finances dirigé par Theo Waigel semblait beaucoup plus réservé. Helmut Kohl, quant à lui, cherchait à gagner du temps et s'est finalement laissé convaincre de faire le pas décisif. Puis est arrivé le 9 novembre 1989. À partir de cette date, les Allemands étaient tributaires du bon vouloir de leurs voisins ; c'est pourquoi la chute du Mur a aussi accéléré l'intégration européenne.

HMD : La République fédérale avait fort intérêt à promouvoir l'européanisation pour rendre acceptable la perspective d'une réunification. Français et Allemands n'avaient pas les mêmes objectifs, mais ils se rejoignaient. Lors du sommet de Strasbourg les 8 et 9 décembre 1989, Helmut Kohl s'est déclaré disposé à s'engager formellement dans une union économique et monétaire. En échange, les voisins européens, et surtout la France, ont accepté le droit à l'autodétermination nationale que les Allemands avaient perdu en 1945.

AW : Cette bonne volonté a ouvert la voie de la réunification, bien qu'évidemment il ait d'abord fallu surmonter la résistance de Margaret Thatcher ainsi que diverses autres choses. La décision de principe avait été prise dès le 9 décembre 1989. On ne peut pas séparer ces événements de l'histoire qui a précédé le traité de Maastricht et de l'euro. Les économistes allemands étaient alors majoritairement opposés à ces projets. Ils pensaient plutôt que toutes les économies européennes devaient d'abord converger et que la monnaie commune serait une sorte de couronnement…

HMD : Les Français défendaient à l'époque une thèse opposée. Déjà dans les années 1970, sous Giscard d'Estaing, on était persuadé que la création d'une monnaie commune entraînerait mécaniquement avec elle la convergence des économies nationales. En fin de compte, cela a bien fonctionné, jusqu'à l'apparition de quelques signes de crise il y a une dizaine d'années.

La chute du Mur et la réunification allemande

AW : La chute du Mur a suscité des émotions très différentes. En Allemagne, évidemment, il y a eu une grande euphorie et très peu de gens ont compris le malaise que provoquait cet événement en France ; peut-être de nombreux Allemands ont-ils été déçus par les Français.

HMD : On pourrait citer quelques articles de la presse de cette époque. Par exemple, *Le Figaro* écrivait le 2 novembre 1989, donc quelques jours avant la chute du Mur :

> Il y a en France un malaise, qui concerne moins une réunification considérée comme inéluctable, que la résurrection de velléités bismarckiennes ou bien l'aspiration vers une sorte de domination germano-soviétique sur l'Europe selon les signaux qui apparaissent ici et là en Allemagne.

Deux semaines plus tard, le 13 novembre 1989, *Le Figaro* a opté pour le titre suivant : « Le fantôme de Bismarck. Une nation en quête d'un État ». En Allemagne, on n'a pas très bien compris l'attitude de Mitterrand face à une possible réunification. On a même été choqué de la manière dont on pense qu'il a voulu freiner, voire empêcher l'ensemble du processus.

Les documents d'archives montrent que Mitterrand a constamment adopté le point de vue que de Gaulle avait exposé lors d'une conférence de presse le 25 mars 1959 durant la crise de Berlin. De Gaulle avait dit à l'époque que la réunification était « le destin naturel du peuple allemand ». C'est assez logique si on suit la pensée de celui-ci. Pour lui, les peuples ont une vie et il trouvait qu'il était contre-nature de diviser un peuple ; la réunification était par conséquent le destin naturel du peuple allemand et elle aurait lieu un jour mais seulement « à condition qu'elle ne remette pas en cause ses actuelles frontières de l'est, de l'ouest, du nord et du sud ».

AW : Ainsi de Gaulle avait-il formulé la ligne de conduite des chefs d'État français jusqu'à Mitterrand ?

HMD : Absolument. Tous ont dit qu'une réunification du peuple allemand était normale et souhaitable, si on pensait au droit des peuples à disposer d'eux-mêmes, mais que cette réunification ne devait en aucun cas remettre en cause les équilibres. Le tracé des frontières, notamment, était intangible pour la France. Il y a eu une phase de quelques semaines, entre novembre 1989 et janvier 1990, pendant laquelle Mitterrand et Kohl ont manifestement mené un dialogue de sourds.

Helmut Kohl, au contraire de Genscher, s'exprimait de manière un peu vague sur le territoire qu'il imaginait pour une Allemagne réunifiée. D'aucuns pensent que dans le contexte d'élections imminentes, il voulait signifier aux associations d'expulsés que la CDU réfléchissait encore une fois aux frontières orientales de l'Allemagne et donc au territoire perdu en 1945. Genscher a dit sans aucune ambiguïté : « Nous disons à tous nos voisins ce que nous voulons réunir : la République fédérale d'Allemagne, la République démocratique allemande et toute la ville de Berlin, pas moins, mais pas plus. » Cette phrase de Genscher a tout à fait convenu à Mitterrand, cependant que le flou des déclarations de Kohl sur toute cette affaire provoquait des tensions franco-allemandes. Kohl n'avait pas non plus prévenu Paris de son programme en dix points qu'il a présenté le 28 novembre 1989 devant le Bundestag, alors qu'il en avait informé George Bush.

AW : Je trouve tout cela très intéressant. En 1989, je vivais à Paris et comme il n'y avait pas internet à l'époque, j'ai dû et j'ai pu observer la réunification à travers le prisme des médias français, ce qui était assez passionnant. Certes, j'ai franchement regretté de ne pas être en Allemagne, mais rétrospectivement, la perspective française était captivante.

J'ai été frappé par le fait que les déclarations positives, exprimées par les élites politiques et des intellectuels au sujet de l'unité de l'Allemagne, se sont très vite révélées être des paroles en l'air dès lors que les choses se sont concrétisées. Cette impression est partagée par de nombreux Allemands. Tout à coup, la réunification ne semblait plus être souhaitée par les élites françaises. Au contraire, on entendait des phrases comme (je cite de mémoire) : « Ce qu'Hitler n'a pas pu faire avec ses chars, Kohl le fait maintenant avec le *Deutsche Mark.* » Ces déclarations étaient parfois vraiment absurdes : « Maintenant, il y a d'un coup 17 millions d'Allemands en plus ! » On voyait bien que les milieux politiques s'inquiétaient de l'évolution de la situation.

Dans la vie quotidienne, en revanche, les gens, par exemple nos voisins, étaient tout à fait enthousiastes. J'ai reçu des félicitations spontanées le 10 novembre, c'était vraiment touchant. J'avais l'impression d'une réelle empathie entre les populations, les citoyens étaient très en avance sur les élites.

HMD : Les travaux de recherche ont aussi confirmé qu'il existait un hiatus entre les élites et le peuple.

AW : Dès 1989, j'ai pensé que Mitterrand commettait une grave erreur. Il aurait pu associer le bicentenaire de la Révolution française au sujet de l'unification allemande. Il l'a fait d'ailleurs, après coup, mais il a raté le bon moment. S'il avait dit en automne ou même encore le 9 novembre 1989 que l'idée de la Révolution française avait enfin atteint l'Allemagne, cela lui aurait apporté une infinie sympathie en Allemagne. Aujourd'hui, maintenant que les sources sont accessibles, on comprend mieux l'évolution de Mitterrand. Il est évident qu'il a vite compris le caractère incontournable de la réunification.

HMD : D'autres hommes politiques, comme Roland Dumas qui était ministre des Affaires étrangères, avaient des idées bien plus sommaires sur ce sujet – on s'en rend compte lorsqu'il prend la parole plus tard comme témoin de cette époque. J'avais l'impression que beaucoup d'hommes politiques ne comprenaient pas assez vite de quoi il s'agissait. Il ne faut pas sous-estimer les dommages causés par l'affaire de la frontière orientale de l'Allemagne dont on vient de parler, la ligne Oder-Neiße, sur laquelle Kohl a entretenu un flou.

AW : Pour les Allemands de l'Ouest, cela a été aussi une période difficile : les associations de personnes expulsées des régions orientales ont continué d'espérer pouvoir, malgré tout, obtenir dans les régions cédées à l'est un statut particulier leur donnant les mêmes droits que les ressortissants de ces pays. Comme les anciens réfugiés et leurs descendants étaient dans leur grande majorité proches de la CDU/CSU, c'était un vrai problème pour Helmut Kohl. Il a eu sans doute peur de perdre des électeurs. Pour ma part, je n'ai pas compris pourquoi il s'acharnait à vouloir laisser ouverte la question des frontières de l'Allemagne à réunifier. Outre le fait que la République fédérale ne pouvait pas s'engager juridiquement pour une future Allemagne réunifiée, il y avait le traité de Moscou, le traité de Varsovie de 70 ainsi que les traités sur les frontières avec la RDA, comme le traité de Görlitz de 1950, qui avaient déjà entériné le renoncement allemand aux terres perdues en 1945. L'Allemagne ne pouvait prétendre à aucun territoire à l'est.

HMD : En outre, la réunification ne pouvait avoir lieu, selon ce qu'avait fixé la conférence de Potsdam de 1945, qu'une fois que les quatre Alliés auraient donné leur accord et renoncé à leurs droits et prérogatives sur l'Allemagne. L'accord de Potsdam stipulait que ce n'étaient pas les Allemands, mais les Alliés qui avaient la compétence concernant l'Allemagne dans son intégralité – ce qui incluait la question de la réunification.

AW : Donc, comme je l'ai dit, je n'ai jamais vraiment compris les motivations de Kohl et les archives ne donnent pas non plus de réponse satisfaisante. Selon moi, il a agi pour des raisons purement électorales.

HMD : À l'époque, on pensait qu'il était à la fin de sa carrière politique. Durant l'été 1989, le journal *Bild* se demandait s'il allait rester chancelier.

AW : Lors d'un fameux congrès de la CDU à Brême mi-septembre 1989, il y a eu une tentative pour le renverser. À cette époque, la CDU avait à sa droite une aile assez dure à laquelle appartenaient aussi des hommes politiques issus des associations d'expulsés et il y avait bien sûr les associations elles-mêmes.

Pourtant, en tant qu'observateur, j'ai du mal à croire qu'une force politique sérieuse en Allemagne ait vraiment voulu poser la question de cette frontière. Je crois que Kohl a eu tort de se taire sur le caractère définitif de la ligne Oder-Neiße parce que pour les autres pays européens, la Pologne comme la France, c'était bien sûr une pierre d'achoppement sur laquelle on n'a ensuite cessé de revenir.

HMD : Lorsqu'on parle des relations franco-allemandes, on ne peut pas oublier qu'il y avait aussi la RDA. En effet, si depuis l'après-guerre les relations se sont petit à petit développées entre la France et la République fédérale, la RDA a été le troisième acteur dans l'ombre, même s'il était un peu plus petit et derrière le rideau de fer. Il est important de ne pas oublier qu'au fond, il s'agissait d'une relation à trois, certes très déséquilibrée. Pour les Français, la RDA a toujours eu une légitimité propre. Ce n'était pas nécessairement ce que pensait la majorité, mais des milieux ont défendu cette position en France. Les communistes n'ont pas été les seuls à avoir de la sympathie pour la RDA. La coopération, les visites des parlementaires français en RDA ont bien montré que, même parmi les gaullistes, certains étaient partisans de la RDA.

AW : La RDA incarnait pour beaucoup de Français une sorte de continuation de la meilleure Allemagne, une image que nous avons déjà rencontrée au XIXe siècle.

HMD : On se trompait ainsi sur ce qu'était réellement la RDA. Elle était née effectivement de la volonté de créer une « meilleure Allemagne » fondée sur la résistance au national-socialisme. Cette légitimation par la résistance a plu aux gaullistes. De plus, bien des Français ont pris pour argent comptant la plupart des informations que la RDA livrait sur elle-même. Cela prouve non seulement l'efficacité de la propagande de la RDA, qu'on appelait la *Westarbeit* (le travail en direction de l'ouest), mais cela correspond aussi au souhait de certains milieux français qui pensaient avoir trouvé en la RDA une Allemagne meilleure que la République fédérale, qu'ils percevaient avant tout comme une puissance commerciale capitaliste menaçante.

AW : Jusque dans les années 1980, le Parti communiste français représentait encore une force politique non négligeable. Pour lui, il était évident que la RDA ne pouvait qu'être la « meilleure Allemagne ». De plus, la RDA a exercé un certain rayonnement, culturel aussi, auprès de nombreux intellectuels de gauche qui n'étaient pas forcément communistes. Les tournées de troupes de théâtre de Bertolt Brecht et du directeur de la *Volksbühne* (un théâtre de Berlin-Est), Benno Besson, avec le *Berliner Ensemble* attiraient un public important dans les années 1950, en France.

La RDA a toujours été du point de vue français une donnée à prendre au sérieux, jusqu'à cette célèbre phrase attribuée à François Mauriac : « J'aime tellement l'Allemagne que je suis ravi qu'il y en ait deux. » Du reste, la RDA était aussi partie prenante du commerce de la Communauté européenne à travers les échanges interallemands, elle était une sorte de « passager clandestin ». Cela avait été accordé à la République fédérale par les Européens dans les traités de Rome. Les échanges économiques n'étaient pas non plus insignifiants. Néanmoins, pour la politique française, le véritable interlocuteur allemand était évidemment Bonn.

HMD : Au fond, la politique française est toujours restée fidèle aux alliés occidentaux. Tant que la République fédérale et la RDA ne se sont pas mutuellement reconnues par le traité fondamental de 1972, la France n'a pas non plus établi de relations diplomatiques avec la RDA. Cela n'a eu lieu qu'en 1973. Ce souci de ne pas blesser le partenaire ouest-allemand et de ne pas aller contre sa ligne politique s'est manifesté également dans des détails : alors qu'une visite d'Erich Honecker en France était prévue à la fin des années 1980, Kohl a adressé un message à Mitterrand pour lui demander de ne pas recevoir Honecker avant que celui-ci n'ait été reçu par la République fédérale. Faire venir le chef de l'État de RDA en République fédérale était la conséquence du voyage de Helmut Schmidt en RDA en décembre 1981. Entre-temps, les tensions entre l'Est et l'Ouest s'étaient de nouveau aggravées, ce qui avait conduit Moscou à refuser constamment de donner son feu vert à une visite de Honecker en République fédérale. Il n'a pu le faire qu'en 1987. Et quelques mois plus tard, début 1988, il est venu en France. On voit là une preuve de loyauté de la France à l'égard de la République fédérale, on ne voulait pas agir contre les intérêts des amis ouest-allemands.

AW : Le dernier ambassadeur de RDA à Paris, Stephan Steinlein, est devenu plus tard secrétaire d'État à l'*Auswärtiges Amt*, le ministère des Affaires étrangères, et travaille aujourd'hui au Cabinet de la Présidence fédérale. Il a été l'un des rares diplomates de RDA qui a pu continuer sa carrière au service des Affaires étrangères de l'Allemagne unifiée.

Après la réunification

HMD : Il nous faudrait encore une journée pour parler de la période postérieure à la guerre froide qui conduit jusqu'à nos jours… Je voudrais en tout cas revenir rapidement sur l'étape de l'élargissement à l'est de l'UE en 2004. Cela peut éclairer aussi quelques éléments de notre situation actuelle. Comme on le sait, il y a eu plusieurs élargissements de la Communauté européenne, vers le nord dans les années 1970 et puis vers le sud dans les années 1980, auxquels se sont ajoutés dix nouveaux États d'un coup en 2004, surtout de l'ancien bloc de l'Est. À cette époque, les craintes exprimées en France et en Allemagne n'ont pas été les mêmes, et globalement l'élargissement à l'est a été ressenti différemment.

AW : Côté français sont réapparues les peurs connues de l'Allemagne et de son « *Drang nach Osten* » (« Marche vers l'est »). On disait que l'Allemagne voulait faire des anciens pays du bloc de l'Est son arrière-pays qui parlerait allemand et offrirait de la main-d'œuvre bon marché. Les Français, en revanche, seraient forcément les perdants de cette situation puisque tous les Européens de l'Est parleraient allemand et achèteraient des produits allemands.

HMD : Cette nouvelle phase de la construction européenne montre une fois de plus que la situation géographique, mais aussi l'expérience singulière de la division peuvent produire des schémas d'interprétation différents. Du point de vue allemand, la logique voulait que, si après la Seconde Guerre mondiale, les Européens de l'Ouest avaient eu la chance pendant des décennies d'être du bon côté, les peuples de l'est de l'Europe, après s'être libérés, devaient pouvoir rapidement prendre part à ce grand projet.

Aujourd'hui, on se demande s'il fallait que l'adhésion de ces pays ait vraiment lieu aussi rapidement. Mais lors de l'élargissement à l'est, on a de nouveau entendu des dissonances entre les deux voisins. Du point de vue français, ce processus ne pouvait qu'avoir des effets déstabilisants en déplaçant la France à la marge occidentale de l'Union élargie, tandis que l'Allemagne se trouvait désormais au centre. Cependant, on a pu constater des inquiétudes similaires dans les deux populations.

AW : En France, on redoutait surtout l'immigration d'une main-d'œuvre bon marché comme le « plombier polonais »...

HMD : En Allemagne, on craignait l'arrivée des « carreleurs polonais » qui allaient inonder le marché du travail.

AW : Cet élargissement vers l'est est devenu aujourd'hui un sujet difficile. À la fin des années 1990, il y a eu un désaccord franco-allemand : valait-il mieux d'abord un approfondissement de l'Union européenne afin qu'elle fonctionne mieux ou bien un élargissement? Bien sûr, l'Union européenne a aussi entendu l'appel des Européens de l'Est qui souhaitaient un « retour en Europe »; la pression était immense. Kohl a résolument misé sur un élargissement et entrepris des actions diplomatiques en ce sens. Mitterrand était au début beaucoup plus réservé. À la fin, les deux ont eu lieu : l'approfondissement *et* l'élargissement.

HMD : Cela correspond aux objectifs qui avaient été fixés lors du sommet de la Haye en 1969 : pas d'élargissement sans réforme et approfondissement de l'Union.

AW : L'élaboration d'une constitution européenne a obéi à cette logique qui a débouché sur une convention constitutionnelle en 2002-2003. Mais, comme on le sait, le projet de constitution a échoué en France et aux Pays-Bas en 2005 après un référendum, alors que le Bundestag a ratifié le texte.

Si on lit le traité de Lisbonne qui est entré en vigueur en 2009, on a au fond aussi une sorte de constitution européenne qui ne dit pas son nom. Après le rejet de 2005, on a agi avec ce nouveau texte comme si rien ne s'était passé. On s'est contenté d'atténuer les formulations : on n'a par exemple plus parlé de « la ministre européenne des Affaires étrangères européennes », mais de « la Haute représentante de l'Union pour les affaires étrangères et la politique de sécurité ».

HMD : Je me souviens qu'en 2005, certains en Allemagne protestaient parce que les représentants du peuple au Bundestag étaient appelés à voter sur la ratification du projet de constitution et qu'on ne demandait pas son avis directement au peuple lui-même – comme en France. Nous savons qu'il ne peut y avoir de référendum en Allemagne au niveau fédéral, pour des raisons historiques. Mais je n'aurais pas été étonnée qu'en Allemagne un référendum conduise au même résultat qu'en France, à savoir un rejet du texte européen, à une courte majorité.

AW : Le scepticisme sur ce projet de constitution européenne est un signe avant-coureur de la crise incontestable dans laquelle nous nous trouvons. D'un côté, elle remet en question toutes les certitudes, de l'autre, elle pourrait également être l'occasion de réactiver et renforcer le couple franco-allemand. Quoi qu'il en soit, cela pourrait aussi bien contribuer à surmonter cette crise qu'à faire progresser l'idée européenne, plus précisément l'idée de l'Union européenne.

HMD : C'est le message que les deux pays ont voulu envoyer en signant le traité d'Aix-la-Chapelle le 22 janvier 2019. Cette nouvelle version du traité de l'Élysée de 1963 doit à mon avis être comprise comme une double adaptation : à un contexte menaçant, d'abord, comme la crise de la relation transatlantique et le Brexit, et à de nouveaux domaines et objets de coopération ensuite, comme la numérisation, qui n'existaient pas encore en 1963. De plus, le texte contient aussi des avancées pragmatiques intéressantes concernant par exemple les échanges transfrontaliers et un approfondissement de la coopération militaire pour la rendre plus efficace.

Pourtant, la partie allemande a longtemps accueilli les propositions françaises avec beaucoup d'hésitation. Ainsi les Allemands n'ont-ils pas répondu au discours pro-européen que le Président Macron a prononcé en septembre 2017 à la Sorbonne. Les Français ont été quelque peu déçus des réactions allemandes, bien tièdes. L'impression dominante était que l'Allemagne préférait laisser se débrouiller seules l'Italie avec ses problèmes de réfugiés et la France avec ses problèmes sociaux. Il ne fallait pas s'étonner ensuite que les populistes veuillent détruire l'Europe.

AW : En effet, pendant près de trois années, nous avons vécu une phase de grands malentendus franco-allemands, ce qui est assez triste. On continue d'observer sans cesse des erreurs de perception réciproques. Les Allemands pensent que les Français n'en veulent qu'à l'argent allemand pour le transformer en euro-obligations, alors que les Français souhaiteraient plutôt des investissements pour répondre à des intérêts européens communs. Ce serait une autre interprétation de la théorie des rouages : comme il est très difficile de définir des intérêts européens communs, la coopération ne fonctionne qu'avec des intérêts complémentaires. Et on retrouve de nouveau, de manière impressionnante actuellement, ce phénomène que tu as décrit ailleurs : on ne peut aborder cette réalité qu'en se départant de « l'image d'Épinal d'une coopération franco-allemande qui serait le résultat d'une sympathie spontanée ».

HMD : Le problème, ce sont aussi les électeurs, si je puis me permettre de le dire ainsi. Cela me rappelle le poème de Bertolt Brecht, « La solution », qu'il a écrit en 1953 au sujet du comportement des dirigeants de la RDA à l'égard des insurgés : « Ne serait-il pas/Plus simple alors pour le gouvernement/De dissoudre le peuple/Et d'en élire un autre ? » Plus sérieusement : dans les deux pays, les dirigeants, comme leurs homologues dans les autres pays européens, sont surveillés par les électeurs. Face au danger du populisme, ils craignent un rapide renversement de l'opinion publique et cette peur les paralyse. Pourtant, Madame Merkel devrait avoir le courage de dire, comme Kohl et Adenauer l'ont fait dans d'autres contextes : la construction européenne est constitutive de la tradition de mon parti, elle est bonne pour nous, elle répond à nos intérêts, nos valeurs, la solidarité, etc. et nous allons nous y employer.

AW : En fait nous avons en Allemagne une coalition tripartite. La CDU de Merkel n'est pas seule à décider. Les sociaux-démocrates mais également la CSU bavaroise jouent un rôle autonome. Cela a provoqué longtemps un blocage de la politique européenne de l'Allemagne.

HMD : Et depuis que l'AfD, l'Alternative pour l'Allemagne, le parti populiste de droite, compte près de quatre-vingt-dix députés au Bundestag, il y a un potentiel de paralysie politique qui peut être vraiment dangereux.

AW : Pour revenir aux malentendus durables entre la France et l'Allemagne, je crois que les perceptions des deux pays sont déformées. En Allemagne, l'opinion qui prévaut est que les Français sont égoïstes, veulent dominer l'Europe tout en ne faisant pas leurs devoirs. En France, on a tendance à oublier que le gouvernement fédéral est dépendant, pour la politique intérieure, de ses électeurs auxquels il n'a longtemps pas voulu expliquer qu'il faudrait communautariser davantage la politique financière européenne. Cette situation est vraiment compliquée pour le gouvernement fédéral. C'est pourquoi il s'est, au cours des dernières années, montré frileux face à l'idée d'une approche nouvelle en Europe telle que l'avait envisagée Joschka Fischer en son temps. En 2000, quand ce dernier était ministre des Affaires étrangères, il avait plaidé pour un approfondissement significatif des diverses communautés et champs politiques européens.

HMD : Ce qui a été étonnant dans le débat allemand sur la solidarité européenne, c'est qu'il n'a pas du tout été question des transferts massifs qui ont été faits en direction de l'est de l'Allemagne après la réunification. Beaucoup d'Allemands pensent qu'ils ont déjà dépensé tellement d'argent pour l'est de l'Allemagne qu'ils n'ont plus envie de donner de l'argent allemand au sud de l'Europe. Pendant la campagne électorale de 2017, le candidat FDP, Alexander Graf Lambsdorff, a affirmé qu'il n'était pas question que via l'UE l'argent allemand soit envoyé par un gros tuyau vers le sud.

Cette expérience de transferts massifs d'ouest en est n'est pas du tout évoquée en Allemagne, mais elle est à mon avis une toile de fond significative. Du reste, on ne parle jamais de quelque chose qui est sans cesse souligné chez les voisins : la Communauté, ou plutôt l'UE a, depuis 1990, considérablement contribué financièrement à la reconstruction des nouveaux *Bundesländer*, entre autres par le Fonds européen de développement régional (FEDER). Solidarité par ci, solidarité par là…

AW : Inversement, les excédents commerciaux allemands sont un sujet récurrent dans le débat français. Les Allemands passent pour des égoïstes parce qu'ils ont bien surmonté la crise économique grâce à leur industrie exportatrice. Des deux côtés, nous assistons à un étonnant mélange de perceptions déformées et à un manque de disposition à l'empathie.

HMD : Que ce soit en France ou en Allemagne, des appréciations erronées circulent sur les actions et les intentions du voisin. En France, on entend des choses terribles sur l'Allemagne et en Allemagne, on me demande fréquemment quand les Français vont enfin commencer à réformer leur pays. Les deux parties sont tout simplement mal informées l'une sur l'autre. Chacun cherche toujours à confirmer ce qu'il croit savoir.

AW : Dans ce contexte, nous pourrions évoquer une nouvelle fois nos trois stéréotypes déjà cités car les clichés continuent de se répandre. Les Allemands passent pour être travailleurs, fabriquant des produits de qualité, mais zélés et disciplinés, arrogants et cyniques. Les Français, quant à eux, paraissent plus sympathiques. On trouve qu'ils ont du goût, mais qu'ils manquent de dynamisme, qu'ils se mettent en grève au moindre prétexte et, du point de vue des Allemands, il est clair que les Français veulent dominer. Par effet miroir, en France, on pense la même chose de l'Allemagne.

HMD : Entre-temps, la pandémie de coronavirus au printemps 2020 a bouleversé bon nombre des données qui semblaient figées. Au début de la crise sanitaire, les Européens, mais aussi le couple franco-allemand, ont donné collectivement une image déplorable d'eux-mêmes et de l'édifice qu'ils ont construit. Il est presque cruel de faire la liste des défaillances de l'UE et de ses membres. Les États nationaux ont été les seuls à prendre des mesures concrètes.

AW : La défaillance majeure – presque une trahison au regard des engagements des traités – a été la suspension brutale de la liberté de circulation des personnes. Les gouvernements, même les plus attachés à cet acquis, ont eu le réflexe ancestral de la fermeture des frontières nationales. Qu'il n'y ait pas eu de coordination européenne jette une lumière crue sur l'incapacité à penser collectif au niveau des États : on se serait cru revenu en 1950 comme s'il n'y avait jamais eu de construction européenne ni de décennies de partenariat franco-allemand.

HMD : Le coup de projecteur a révélé aussi la faiblesse de la Commission et l'aboulie de ce « Bruxelles » pourtant si souvent accusé de tout décider à la place des États et contre la volonté des peuples. Aucune stratégie commune n'a été proposée sur les critères et modalités de contrôle pour empêcher la propagation du virus. Le spectacle a été particulièrement désolant à la frontière franco-allemande où c'est soudain la nationalité qui a décidé de la dangerosité d'une personne. Et quand on a vu que des pénuries menaçaient parce que les flux de marchandises étaient interrompus, on a de nouveau laissé passer les poids-lourds, mais sans tester les chauffeurs. Ils étaient pourtant peut-être porteurs du virus. Entre irrationalité et pragmatisme, cette fuite en avant a bien été un retour en arrière.

AW : J'ai été aussi très abattu au spectacle d'incidents dans le sud-ouest de l'Allemagne, où des travailleurs frontaliers français ont été insultés par des Allemands. Cela illustre bien comment une politique d'inspiration strictement nationale conduit à une dangereuse impasse. Contre toutes nos valeurs, on a flatté les bêtes réflexes nationalistes en suggérant que le mal venait de l'étranger au lieu de dire qu'on se contamine très bien entre compatriotes. Toutefois il faut reconnaître que, depuis, il y a eu un virage qui redonne de l'espoir.

HMD : Le 18 mai 2020, Emmanuel Macron et Angela Merkel ont rendu publique « l'initiative franco-allemande pour la relance européenne face à la crise du coronavirus ». Ils ont déclaré vouloir assumer leur « responsabilité pour l'Union européenne » et leur souhait d'« ouvrir la voie pour sortir de la crise ».

Angela Merkel et Emmanuel Macron à Meseberg, 1er juillet 2020.
© MAJA HITIJ/GETTY IMAGES EUROPE/GETTY IMAGES VIA AFP.

AW : Ce ne serait pas la première fois que les deux pays, confrontés à une crise profonde, redécouvrent leur coopération et trouvent une solution européenne.

HMD : Cette initiative franco-allemande a semblé voler la vedette à la Commission européenne. En réalité, elle a été le moyen de donner une légitimité supplémentaire à la proposition d'un fonds de relance européen. L'originalité réside dans le mécanisme : Bruxelles va emprunter sur les marchés financiers de l'argent qui sera ensuite versé aux États membres sous forme de subventions, et non de prêts.

AW : C'est impressionnant de voir à quelle vitesse la position de l'Allemagne s'est renversée. Pendant des années, les politiques allemands mais également l'opinion étaient farouchement opposés à une plus grande solidarité financière en Europe. Quelques semaines de crise ont suffi à faire renverser la table. Ce ralliement à un endettement européen commun est un véritable virage à 180 degrés.

HMD : Le remède se veut à la hauteur d'une situation hors du commun. Les périls sont grands, entre récession, chômage et risque d'appauvrissement dans beaucoup de pays. On a certes brisé un tabou mais le traité de l'Union européenne prévoit, dans son article 122, l'assistance financière de l'Union à des États membres « en raison d'événements exceptionnels ».

AW : Il est possible que de cette façon l'Allemagne et la France redeviennent le moteur d'une coopération approfondie entre Européens. Ce qui est peut-être plus aisé, d'un point de vue politique, depuis que le Royaume-Uni a quitté l'Union. En tout cas, nous vivons une situation inédite où l'Allemagne est prête, aux côtés de la France, à investir massivement dans la communauté de destin des Européens. Au-delà de la gestion de la crise sanitaire et économique, il s'agit des grandes questions de l'avenir : le changement climatique, la transformation numérique, la politique migratoire et l'indépendance stratégique de l'Europe par rapport à la Chine, mais également aux États-Unis. L'histoire nous apprend que ces moments peuvent être très productifs et novateurs pour structurer durablement la cohabitation des Européens. On y retrouve une tradition ouest-allemande, représentée par Adenauer ou Kohl, convaincus que le retour sur investissement était, pour l'Allemagne, supérieur aux efforts consentis.

HMD : Nous assistons donc au « moment Schuman » de Merkel.

AW : Si c'est vrai, c'est prometteur pour l'avenir.

HMD : Je trouve la comparaison justifiée car reparaît, comme au début des années 1950, une constellation où Français et Allemands voient dans une solution européenne le meilleur moyen de servir leur intérêt national.

AW : On peut même le mesurer de manière objective : plus de 60 % des exportations allemandes sont destinées au Marché unique. Si elle n'a pas de partenaires prospères, l'économie allemande devient vulnérable.

HMD : Et la France, qui fait la jonction entre les pays du nord et ceux du sud de l'Europe, a aussi intérêt à ne pas voir s'écrouler un édifice qui, depuis le début, lui sert de multiplicateur de puissance. Cette belle histoire de solidarité est donc également une histoire d'intérêts bien compris. Il me semble important de le rappeler car, sinon, domine une vision naïve du fameux couple franco-allemand, nourrie par le discours mémoriel de la réconciliation. Il produit une illusion d'harmonie naturelle et donc une déception réitérée. Les médias en sont pleins et ils construisent sans cesse de faux psychodrames.

AW : Moi aussi, je refuse cette vision naïve. Je reviens sur cette image, un peu mécanique, d'un couple franco-allemand tel un engrenage d'intérêts divergents, mais complémentaires. De fait, les intérêts respectifs sont souvent plus éloignés qu'on ne le croit. Mais la longue habitude de coopération est l'avantage d'un couple qui se connaît et se pratique depuis des décennies. Il a appris à trouver des compromis même s'il est régulièrement secoué de malentendus.

HMD : Et puis… ces deux pays ont-ils un autre choix ? Ils partagent une communauté de destin. J'ai bien dit au début que la géographie les condamnait à travailler ensemble.

AW : Si les Français et les Allemands œuvrent de concert, ils représentent plus de 140 millions de personnes, soit les deux économies les plus importantes du continent. C'est déjà un poids qui permet de faire évoluer la situation.

HMD : Cela exige que l'on s'appuie sur la connaissance du passé. Et c'est là peut-être la chance, dans un salto avant, de retomber aujourd'hui sur nos pieds.

Notes

AVANT-PROPOS

1. Friedrich NIETZSCHE, *Par-delà le bien et le mal. Prélude d'une philosophie de l'avenir. Œuvres complètes*, trad. Henri Albert, vol. 10, chap. VIII, « Peuples et patries », Paris, Mercure de France, p. 290.

« FRANÇAIS » ET « ALLEMANDS »

2. Ernst Moritz ARNDT, *Über Volkshaß*, Leipzig, 1913, p. 14.

LA (LONGUE) GENÈSE DE LA HAINE ENTRE « ENNEMIS HÉRÉDITAIRES »

3. Friedrich RÜHS, *Historische Entwickelung des Einflusses Frankreichs und der Franzosen auf Deutschland und die Deutschen*, Berlin, 1815, p. IX.

4. Ernst Moritz ARNDT, « Des Deutschen Vaterland (1813) » *in* Ernst Moritz ARNDT, *Gedichte. Vollständige Sammlung*, Berlin, 1960, p. 233-235.

5. Johann Peter ECKERMANN, « Sonntag, den 14. Mai 1830 » *in* Johann Peter ECKERMANN, *Gespräche mit Goethe in den letzten Jahren seines Lebens*, Munich, 1984, p. 624-632, p. 631 sq.

6. Max SCHNECKENBURGER, « Die Wacht am Rhein », *Deutsche Lieder von Max Schneckenburger, dem Sänger der ›Wacht am Rhein‹. Auswahl aus seinem Nachlaß*, Stuttgart, 1870, p. 19 sq.

La guerre franco-allemande de 1870-71 et ses conséquences

7. Marcel Emerit, « L'opinion de Napoléon III sur la question du trône d'Espagne en 1869 », *Revue d'histoire moderne et contemporaine*, 1969, 16-3, p. 431-438, p. 437.

8. Thomas Grimm, « La guerre. La guerre des rues », *Le Petit Journal*, 30 août 1870.

9. Cité d'après Maurice Dommanget, *Blanqui, la Guerre de 1870-71 et la Commune*, Paris, 1947, p. 49.

10. Victor Hugo, *Actes et paroles. Depuis l'exil 1870-1876*, Paris, 1876, p. 14.

11. Leopold von Ranke, « Tagebuchblätter, Zweites und drittes Gespräch mit Thiers und Genossen; 11. November » *in* Leopold von Ranke, *Weltgeschichte, Vierter Band. Mit einem Anhang: Aufsätze zur eigenen Lebensbeschreibung. Tagebuchblätter*, Leipzig, 1896, p. 737-739, p. 739.

12. Alexandre II à Guillaume Ier, 21 août 1870, cité d'après Eberhard Kolb, *Der Weg aus dem Krieg: Bismarcks Politik im Krieg und die Friedensanbahnung 1870/71*, Munich, 1990, p. 182.

13. Gustave Courbet, *Lettres de Gustave Courbet à l'armée allemande et aux artistes allemands lues à l'Athénée, dans la séance du 29 octobre 1870*, Paris, 1870, p. 15.

Après la guerre, c'est aussi avant la guerre

14. Elme-Marie Caro, « Les deux Allemagnes. Madame de Staël et Henri Heine », *Revue des Deux Mondes*, 96 (1871), 2, p. 5-20, ici p. 13.

15. *Ibid.*, p. 16.

16. Paul de Saint-Victor, *Barbares et Bandits. La Prusse et la Commune*, Paris, 1871, p. 136.

17. Alfred Mézières, *Revue des Cours Littéraires de la France et de l'Étranger*, Paris, 1870 (Septième Année, Numéro 46, 15 octobre 1870), Faculté des Lettres de Paris, Littérature Étrangère, Cours de M. Mézières, *Leçon d'ouverture – Les deux Allemagnes*, p. 729.

18. Heinrich von Sybel, *Was wir von Frankreich lernen können. Vortrag gehalten im Bonner Bildungs-Verein am 18. Februar 1872*, p. 3 et p. 15 sq.

19. « Diktat zur Orientkrise: Die orientalische Frage als Problem der Sicherheit Deutschlands, Kissingen, den 15. Juni 1877 » *in* Otto von

Bismarck, *Werke in Auswahl*, Gustav Adolf Rein et. al. (eds.), vol. 6, Darmstadt, 1976, n° 11, p. 52. On trouve ici l'expression « cauchemar des coalitions ».

20. Cité *in* Egmont Zechlin, « Motive und Taktik der Reichsleitung 1914. Ein Nachtrag » in *Der Monat* 209 (1966), p. 91-95, ici p. 92.

La marche vers la Première Guerre mondiale

21. « Aufruf an die Kulturwelt », 4 janvier 1914, *Aufrufe und Reden deutscher Professoren im Ersten Weltkrieg*, Klaus Böhme (ed), 2e édition, Stuttgart, 2014, p. 47 sq.

22. *Ibid.*, p. 48.

La sortie de la guerre et de nouveau Versailles – cette fois en 1919

23. Walter Flex, *Der Wanderer zwischen beiden Welten. Ein Kriegserlebnis*, Munich, 1917, p. 53.

Entre deux guerres – hostilité et tentatives de rapprochement

24. Cité d'après August Müller, « Deutschland und Frankreich » *Germania*, 204 (2 mai 1925).

25. Friedrich Sieburg, *Dieu est-il français ?*, texte intégral traduit par Maurice Betz, suivi de *Lettre sur la France* par Bernard Grasset, Éditions Bernard Grasset, Paris, 1942, p. 12.

26. Paul Distelbarth, *Franzosen und Deutsche. Bauern und Krieger*, Stuttgart/Hambourg, 1946, p. 179.

Vers de nouveaux horizons – après 1945

27. Joseph Rovan, « L'Allemagne de nos mérites », *Esprit*, 13 (1er octobre 1945), N° 115, p. 529-540.

Le couple franco-allemand

28. Stefan Seidendorf (ed.), *Le Modèle franco-allemand : les clés d'une paix perpétuelle ? Analyse des mécanismes de coopération*, Villeneuve d'Ascq, 2013, p. 48-50.

29. Andreas Wirsching, *Abschied vom Provisorium. Geschichte der Bundesrepublik Deutschland 1982-1990*, Munich, 2006, p. 515.

La chute du Mur et la réunification allemande

30. *Le Figaro*, 2 novembre 1989.
31. Conférence de presse de Charles de Gaulle, 25 mars 1959. URL : https ://fresques.ina.fr/de-gaulle/fiche-media/Gaulle00030/conference-de-presse-du-25-mars-1959.html (8. 11. 2019)
32. Hans-Dietrich Genscher, « Keine Gebietsansprüche an Polen », *Frankfurter Allgemeine Zeitung*, 14 février 1990.

Après la réunification

33. Hélène Miard-Delacroix, *Le Défi européen. Histoire franco-allemande de 1963 à nos jours*, Villeneuve d'Ascq, 2011, p. 285.

Indications bibliographiques

BARIÉTY, Jacques, *Les relations franco-allemandes après la Première Guerre mondiale. 10 nov. 1918-10 jan. 1925. De l'exécution à la négociation*, Paris, 1977.

BARIÉTY, Jacques et POIDEVIN, Raymond, *Les relations franco-allemandes 1815-1975*, Paris, 1977.

BEAUPRÉ, Nicolas, *Le traumatisme de la Grande Guerre 1918-1933*, histoire franco-allemande en 11 volumes, vol. 8, Villeneuve d'Ascq, 2012.

BECKER, Jean-Jacques et KRUMEICH, Gerd, *La Grande Guerre. Une histoire franco-allemande*, Paris, 2012.

BRAND CRÉMIEUX, Marie-Noëlle, *Les Français face à la réunification allemande, automne 1989-automne 1990*, Paris, 2004.

BRAUN, Guido, *Du Roi-Soleil aux Lumières. L'Allemagne face à l'« Europe française » 1648-1789*, histoire franco-allemande en 11 volumes, vol. 4, Villeneuve d'Ascq, 2012.

CALLA, Cécile et DEMESMAY, Claire, *Que reste-t-il du couple franco-allemand ?*, Paris, 2013.

CLARK, Christopher, *Les Somnambules. Été 1914 : comment l'Europe a marché à la guerre*, Paris, 2015.

DEFRANCE, Corine et PFEIL, Ulrich, *Entre guerre froide et intégration européenne. Reconstruction et rapprochement 1945-1963*, histoire franco-allemande en 11 volumes, vol. 10, Villeneuve d'Ascq, 2012.

DEFRANCE, Corine et PFEIL, Ulrich (eds.), *Le Traité de l'Élysée et les relations franco-allemandes 1945-1963-2003*, Paris, 2005, éd. augmentée, Paris, 2012.

DUROSELLE, Jean-Baptiste, *La Décadence 1932-1939*, Paris, 1979.

ELIAS, Norbert, *La Société de cour*, P. Kamnitzer et J. Étoré, trad. Paris, 1985.

FURET, François et RICHET, Denis, *La Révolution française*, Paris, 1965.

GROSSER, Alfred, *L'Allemagne en Occident*, éd. augmentée, Paris, 1985.

GROSSER, Alfred, *Les Identités difficiles*, Paris, 1996.

JEISMANN, Michael, *Das Vaterland der Feinde: Studien zum nationalen Feindbegriff und Selbstverständnis in Deutschland und Frankreich 1792–1918*, Stuttgart, 1992.

KAELBLE, Hartmut, *Nachbarn am Rhein. Entfremdung und Annäherung der französischen und deutschen Gesellschaft seit 1880*, Munich, 1991.

KLARSFELD, Serge, *Vichy-Auschwitz. Le rôle de Vichy dans la solution finale de la question juive en France 1942*, Paris, 1983.

KOLB, Eberhard, *Der Weg aus dem Krieg: Bismarcks Politik im Krieg und die Friedensanbahnung 1870/71*, Munich, 1990.

KÖNIG, Mareike et JULIEN, Élise, *Rivalités et interdépendances 1870-1918*, histoire franco-allemande en 11 volumes, vol. 7, Villeneuve d'Ascq, 2018.

KOOPMANN, Martin, STARK, Hans et SCHILD, Joachim, *Les relations franco-allemandes dans une Europe unifiée. Réalisations et défis*, Bordeaux, 2012.

LAPPENKÜPER, Ulrich, *Die deutsch-französischen Beziehungen 1949-1963: von der »Erbfeindschaft« zur »Entente élémentaire«*, 2 vol., Munich, 1998.

LEENHARDT, Jacques et PICHT, Robert (eds.), *Au jardin des malentendus : le commerce franco-allemand des idées*, Paris, 1990.

LORRAIN, Sophie, *Des pacifistes français et allemands, pionniers de l'entente franco-allemande 1871-1925*, Paris, 1999.

MARCOWITZ, Reiner et MIARD-DELACROIX, Hélène, *50 ans de relations franco-allemandes*, Paris, 2012.

MIARD-DELACROIX, Hélène, *Le Défi européen. 1963 à nos jours*, histoire franco-allemande en 11 volumes, vol. 11, Villeneuve d'Ascq, 2011.

MÖLLER, Horst et MORIZET, Jacques (eds.), *Allemagne-France. Lieux et mémoire d'une histoire commune*, Paris, 1995.

MONNET, Jean, *Mémoires*, Paris, 1988.

NORA, Pierre (ed.), *Les Lieux de mémoire*, 7 vol., Paris, 1984-1992.

ROSENBERG, Arthur, *Die Entstehung der Deutschen Republik 1871-1918*, Berlin, 1928.

SCHUKER, Stephen A., *The End of French Predominance in Europe. The Financial Crisis of 1924 and the Adoption of the Dawes Plan*, Chapel Hill, NC, 1976.

SEIDENDORF, Stefan (dir.), *Le modèle franco-allemand : les clés d'une paix perpétuelle ? Analyse des mécanismes de coopération*, Villeneuve d'Ascq, 2013.

STERNHELL, Zeev, *Ni droite, ni gauche. L'idéologie fasciste en France*, Paris, 1983 (réédition en 2012).

WEISENFELD, Ernst, *Welches Deutschland soll es sein? Frankreich und die deutsche Einheit seit 1945*, Munich, 1986.

WIRSCHING, Andreas, *Abschied vom Provisorium. Die Geschichte der Bundesrepublik Deutschland 1982-1990*, Munich, 2006.

ZIEBURA, Gilbert, *Les relations franco-allemandes dans une Europe divisée. Mythes et Réalités*, Bordeaux, 2013.

Table des matières

Cet ouvrage a été imprimé en France par
CPI Bussière
Z.I. rue Pelletier Doisy
18200 Saint-Amand-Montrond (France)

pour le compte des Éditions Fayard
en septembre 2020

Photocomposition Belle Page

PAPIER À BASE DE FIBRES CERTIFIÉES

Fayard s'engage pour l'environnement en réduisant l'empreinte carbone de ses livres. Celle de cet exemplaire est de :
1 kg éq. CO_2
Rendez-vous sur www.fayard-durable.fr

N° d'édition : 63-3157-/01 - N° d'impression : 2053497